Heinz-Jürgen Loth, Monika und Udo Tworuschka (Hg.)

CHRISTSEIN IM KONTEXT DER WELTRELIGIONEN

erarbeitet von

Joachim Czech, Heinz-Jürgen Loth,
Friedrich Trzaskalik, Monika und
Udo Tworuschka

Verlag Moritz Diesterweg
Frankfurt am Main · Berlin · München

Kösel-Verlag · München

ISBN 3-425-07701-5 (Diesterweg)
ISBN 3-466-36060-9 (Kösel)

1. Auflage 1981

Satz und Druck: Georg Appl, Wemding
Bindearbeiten: Großbuchbinderei Monheim, Monheim

Inhalt

Vorwort

Vorwort

Betrachtungen außerchristlicher Religionen, sofern sie von christlichen Theologen angestellt werden, gehen vielfach so vor, daß zunächst das Spezifische oder Ureigene des christlichen Glaubens festgelegt wird und diese Markierungen dann in einem weiteren Schritt als Wertungskanon für die Beurteilung anderer Religionen herangezogen werden.
In den folgenden Bemühungen soll ein anderer Weg beschritten werden. Es wird der Versuch unternommen, das Besondere christlichen Glaubens und christlicher Existenz in einer Begegnung mit den großen Weltreligionen aufzuzeigen, wie sie der religionswissenschaftliche Vergleich nahelegt. Dabei können zugleich die vielfältigen Berührungen, Ähnlichkeiten und Unterschiede sichtbar werden.
Mit aller Dringlichkeit muß die Frage nach dem Bezugspunkt eines solchen Vergleichs gestellt werden. Die Autoren haben sich für das christliche Glaubensbekenntnis entschieden. Denn im Credo ist der älteste Grobraster der Zentralaussagen christlicher Lehre vorgegeben, hinsichtlich dessen Anerkennung im Bereich des Christentums über alle Konfessionsgrenzen hinweg ein Konsens vorliegt. Doch soll in den folgenden Ausführungen das Glaubensbekenntnis einzig den Bestand an Lehre kennzeichnen, der in den Vergleich mit den anderen Weltreligionen einbezogen wird; keinesfalls aber wird es als Maßstab zur Qualifizierung bzw. Abwertung der anderen Religionen dienen.
Im Glaubensbekenntnis ist ein Doppeltes vorgegeben: einmal bekennt sich der Sprecher zu bestimmten Lehrinhalten; zum anderen anerkennt er die Notwendigkeit einer Umsetzung dieses Bekenntnisses in den Vollzug seiner Existenz als Christ, insofern das Tun aus dem Glauben folgt. So ist christlicherseits mit dem Credo zweierlei gegeben: Lehre und Praxis.
Daher wird im folgenden Lehre in Anlehnung an das Glaubensbekenntnis um die Themen: Gott, Christus, Mensch gruppiert; das religiöse Verhalten kommt im Kapitel ‚Praxis' zur Sprache. Das verbindende Glied zwischen beiden bildet das Kapitel ‚Institutionen', wo es christlicherseits um die Kirche geht.
Es wird bewußt darauf verzichtet, zu jedem christlichen Topos auch aus allen anderen Weltreligionen Belege anzuführen. Die Textauswahl geschieht vielmehr unter dem Gesichtspunkt der Hilfe zu einem besseren Verstehen und Erschließen fremder Religionen.
Methodisch standen die Autoren vor erheblichen Problemen. Denn ein Blick allein auf die großen christlichen Konfessionen zeigt, daß die Inhalte des Credos selbst innerhalb einer Konfession nicht einheitlich ausgelegt werden. Heutige christliche Theologie läßt in ihren Aussagen die Konfessionsgrenzen wohl gelegentlich vergessen; sie konfrontiert uns jedoch zugleich mit den fast unendlichen Möglichkeiten, Christentum zu verstehen. Zwischen einem Vertreter einer Theologie der Befreiung und einem aus der Richtung ‚Kein anderes Evangelium' gibt es bei oberflächlicher Betrachtung kaum noch Begegnungsmöglichkeiten. Von dieser Situation sind alle Konfessionen betroffen. Wer darf legitim für *das* Christentum sprechen? Eine Entscheidung dieser Frage grenzt aus religionswissenschaftlicher Sicht an Willkür, auch wenn sie theologisch zu rechtfertigen wäre.
In dieser Lage kamen den Autoren die nichtchristlichen Gesprächspartner zu Hilfe. Wer sich auf Seiten von Buddhismus oder Hinduismus, Judentum oder Islam über Gemeinsamkeiten und Unterschiede der eigenen Religion mit dem Christentum Gedanken macht, hat ein bestimmtes Bild vom Christentum und seinen zentralen Glaubensaussagen. Er geht gewöhnlich davon aus,

daß es doch – trotz aller Differenzen – im Christentum noch einen – zumindest vagen – Konsens im Grundsätzlichen gibt, und daß dieses Grundsätzliche das ist, was das Credo formuliert. Schließlich gaben auch die ökumenischen Bestrebungen in den Kirchen wichtige Hinweise auf das Gemeinsame christlichen Glaubens.
Aufgrund dieser Gegebenheiten war es naheliegend, bei der Textauswahl häufig zunächst traditionelle Auslegungen des christlichen Glaubens zu Wort kommen zu lassen, wie sie uns zum Beispiel in Bekenntnissen, Katechismen und kirchlichen Lehrdokumenten begegnen, zumal sich in ihnen offiziell die Kirchen um das Gemeinsame christlichen Glaubens bemühen. Dabei wird man allerdings häufig auf Lehrunterschiede in den Konfessionen hinweisen müssen. Doch kann man dabei nicht stehen bleiben.
Wer der Vielfalt christlichen Glaubens wenigstens andeutungsweise gerecht werden will, muß notwendigerweise auch heutige Theologen zu Grundfragen ihres Glaubens zitieren. Das ist auch deshalb unumgänglich, weil nur so fruchtbare Begegnungsmöglichkeiten mit anderen Religionen und deren Vielfalt geschaffen werden. Denn wer sich von nichtchristlicher Seite um einen Dialog mit dem Christentum bemüht, gehört gewöhnlich zu einer – kleinen – Gruppe von Theologen innerhalb der eigenen Religion, die um die stete Notwendigkeit einer Neuauslegung religiöser Grundgegebenheiten im Horizont der sich wandelnden Welt weiß. Dieses Wissen führt zum Gespräch mit der christlichen Seite, zumindest der, auf der dies auch als Hauptaufgabe von Theologie begriffen wird. Auf dieser Ebene entstehen dann nicht selten zeitgenössische Interpretationen, die zum Vergleich reizen und herausfordern.

Zur Arbeit mit diesem Band sind mehrere Wege möglich, von denen einige kurz skizziert seien:

1. Einmal kann man sich dem hier gewählten Verfahren anschließen, das mit der Struktur des christlichen Glaubensbekenntnisses korrespondiert und damit sozusagen der inneren Logik des Gegenstandes in traditioneller Betrachtungsweise unter Berücksichtigung heutiger Auslegungen folgt.

2. Religionen sind zunächst einmal im Verhalten der sie Ausübenden und in ihren institutionalisierten Erscheinungsformen sichtbar und erfahrbar. Somit liegt der Weg nahe, bei der sichtbaren Praxis zu beginnen und dann die Begründung dieser Praxis in der Lehre zu suchen.

3. Formal wird Religion von christlichen Theologen gelegentlich „als Bezug des Menschen auf den Wesens-, Existenz- und Sinngrund seiner selbst" (*H. Fries*) bestimmt, was letztlich bedeutet, daß Religion unabdingbar zum Menschsein gehört. Sie gehört gewissermaßen zur Konstitution von Menschsein. Wer diese Sicht teilt, kann die inhaltliche Ausformulierung dieses Menschseins in den einzelnen Religionen verfolgen. Dabei könnten die Kapitel Gott und Christus als die Begründung des Menschenbildes aufgefaßt werden; in den Kapiteln Institutionen und Praxis ginge es dann um den Rahmen und die Weise des Vollzugs von Menschsein.

4. Da hier nach thematischen Gesichtspunkten Bausteine aus verschiedenen Weltreligionen zusammengetragen sind, kann aus den Elementen der einzelnen Kapitel auch ein Grundkurs zu der einen oder anderen Religion zusammengestellt werden. Doch wird man dabei auf ergänzendes Material nicht verzichten können (vgl. besonders die im Abschnitt ‚Weiterführende Literatur' mit * versehenen Teile). Mit den skizzierten Verfahren soll lediglich ein Angebot gemacht werden, das dem Leser größtmögliche Freiheit beläßt.

Der Band ist vor allem als Handreichung für die Sekundarstufe II und die Erwachsenenbildung gedacht. Daher werden die Anregungen und Hinweise zur Vertiefung und Weiterarbeit in Form von Impulsen, Diskussionsanstößen und Zusatzinformationen angeboten. Zwischen den Texten der einzelnen Kapitel ergeben sich immer wieder Beziehungen. So korrespondieren z. B. die Texte aus dem Teil 4.3 ‚Weltverständnis der Religionen‘ mit den Texten in 2.5 ‚Religionsstifter als Sozialreformer‘. Um für solche Fälle Querverweise und ein schnelles Auffinden zu ermöglichen, wurden die Text- und Bildeinheiten fortlaufend numeriert. Schwierige Begriffe werden sowohl im Textzusammenhang erläutert, als auch im Glossar erschlossen.

Köln, im Oktober 1980

1 Gott

1.1 Einleitung

Der eine persönliche Gott und *das* eine unpersönliche Göttliche sind die beiden religionsgeschichtlichen Vorstellungen, unter denen die höchste Wirklichkeit in den Universalreligionen begriffen wird.

Im folgenden geht es um eine Gegenüberstellung der Gottesvorstellungen in den drei prophetischen Religionen Judentum, Christentum und Islam. Man nennt sie monotheistische Religionen. Wenngleich auch im Hinduismus zwei monotheistische Strömungen bekannt sind (Vishnuismus/Shivaismus 45, 48 –50) und ebenfalls der Amida-Buddhismus (94, 95) bestimmte monotheistische Elemente kennt, so hat der Monotheismus doch seine größte Bedeutung in den erwähnten drei prophetischen Religionen.

Das christliche Gottesbild weist nicht unerhebliche Gemeinsamkeiten mit jüdischen und islamischen Vorstellungen auf. Es soll versucht werden, von solchen Gemeinsamkeiten zu den unterscheidenden Merkmalen fortzuschreiten.

Die Texte (4–6) stellen Beispiele für ein *traditionelles* Reden von Gott dar. Typische Sprachmuster, wie z. B. die beliebten „Allmachtsphantasien", Superlative oder die „negative Theologie", welche ausdrückt, was Gott alles *nicht* ist, sind ihnen gemeinsam. Sie sind also nicht spezifisch christlich. Auch bei manchen *zeitgenössischen* Formulierungen (7, 8, 9) lassen sich aufschlußreiche Annäherungen und auch Übereinstimmungen feststellen. Die neuzeitlichen Emanzipationsbestrebungen des Menschen kritisieren besonders göttliche Allmachtsvorstellungen. Die Texte (10–13) dokumentieren solche Kritik an überkommenen Gottesbildern in unterschiedlicher Akzentuierung nicht nur im Christentum. Daß Gott christlicherseits als *Schöpfer* verstanden oder als unerschöpfliche Liebe interpretiert wird (16–18, 21), ist auch aus religionsgeschichtlicher Sicht nichts spezifisch Unterscheidendes. Denn auch Judentum und Islam (14, 15, 23, 24) können so von ihrem Gott sprechen. Dennoch dürfte vermutlich der Liebe im Christentum eine noch größere Bedeutung zukommen. Für viele ist das Christentum die „Religion der Gotteskindschaft und der Liebe" (*G. Mensching*) schlechthin.

Dem unterscheidend Christlichen dürfte man wesentlich näherkommen, wenn man die *Trinität* (25–28) als Ausdruck der Fülle göttlichen Lebens und der Hinwendung Gottes zur Schöpfung sowie des in Christus am Kreuz leidenden Gottes (29–32) betrachtet. Die Stellungnahmen aus Judentum und Islam scheinen die zum Christentum hin unüberwindlichen Grenzen zu markieren.

Verehren alle denselben Gott? Verschiedene Stellungnahmen

2

„Ein und derselbe Mond spiegelt sich
In allen Wassern.
Alle Monde im Wasser
Sind eins in dem einen einzigen Mond.“

3 „Durch das Fehlen einer realistischen und wissenschaftlichen Theorie der Religion muß der Dialog sich unausweichlich auf die Wiederholung einer Ansammlung von Klischees beschränken, wie z. B. die bekannte Redensart, daß wir alle – Christen und Muslime – *einen* Gott anbeten. ... Aber ist es richtig, daß der Gott, den die Muslime verehren, auch jener Gott ist, den die Christen anbeten? Ist ein Gott, der sich aus Vater, Sohn und Heiliger Geist zusammensetzt, der auf Erden erschien und seinen Sohn sandte, um die Menschen zu retten, auch der Gott, den die Muslime verehren? Ich persönlich glaube dies nicht.“

1.2 Traditionelles Reden von Gott

4 Gott allein läßt Sünden aus eigener Machtvollkommenheit nach; er ist zu loben; er bedient sich des Teufels als Diener zur Bestrafung der Bösen; ist der Spender des Trostes und hat uns nicht zu Müßiggang und Trägheit berufen; er ist aller ... Vater, der allmächtig ist ... er ist der Gott aller; er ist einer; er ist nicht Urheber der Sünde; er ist überall; ihn muß man zuerst lieben, dann die Eltern; ... er ist Urheber des Gesetzes, er vergißt die Menschen nicht, verläßt uns nie, verleiht die Kräfte, Satan zu besiegen; er wird ein Eiferer genannt ...; er züchtigt, welche er liebt, heißt Vater, der im Himmel ist; wenn er uns seine Gnade nicht gibt, können wir nicht selig werden; er versucht die Seinen und läßt sie versuchen; er ist zu lieben, will gebeten sein, obgleich er weiß, wessen wir bedürfen; er will nicht, daß wir von allem Ungemach befreit sind. Seine Güte überragt seine Gerechtigkeit; er hegt Güte und

5 Es ist ein Gott, der allmächtige Schöpfer und Erhalter der Welten. Weder gezeugt noch sterblich, regiert Er von Ewigkeit zu Ewigkeit und läßt vergehen und von neuem entstehen. Er ist unendlich vollkommen, weil Er alle guten Eigenschaften im höchsten Maße besitzt. Er ist unveränderlich, weise, gerecht, gütig, allgegenwärtig, allwissend, allmächtig und höchst wahrhaft. Er ist das einzige untrügliche Ideal, das keinem Menschen Enttäuschung und Seelenpein einbringt.

Gott ähnelt weder der toten noch der lebenden Natur. Niemand und nichts ist Ihm ebenbürtig. Es erfaßt Ihn weder das Auge noch der Sinn. Wir erkennen Gott an der Gesetzmäßigkeit, die dem Weltall innewohnt und an jener geheimnisvollen Stimme in unserem Inneren, die uns sagt, was Gut und was Böse ist, nämlich an der Stimme des Gewissens. Alle Völker glaubten in dieser oder jener Form an Gott. Richtig glaub-

6 Als der Schöpfer der Welt ist Gott dem frommen Sinn der, welcher größer ist als alles Große und mächtiger ist als alle Macht. Er ist über allem, was dem Menschen gewaltig und weit erscheint, über allen Landen, über aller Welt. ... Der eine Gott ist der Erhabene, der, dessen Größe das Geheimnis umgibt. Erhaben ist nur das, worin das Verborgene sich auftut. An dem einen Gott hat das Erlebnis von der Erhabenheit seinen ganzen Inhalt und seine ganze symbolische Kraft erlangt, und auch die Widerspiegelung des Erhabenen, die Poesie der Welt als des Alls, als der großen Schöpfung Gottes, ist hier entdeckt worden. Die Empfindung auch, die der Mensch gegenüber dem Geheimnis und dem Erhabenen hat, die Demut hat sich hier entfaltet und ausgesprochen, dieses Bewußtsein, gering, unzulänglich und ohnmächtig vor Gott zu sein, nur sein Geschöpf, aber doch *sein* Geschöpf, ein von

4

Barmherzigkeit gegen die Menschen; seine Güte wird durch keine Beleidigung der Menschen erschöpft; seine Liebe gegen die Menschen zeigt sich in der Erlösung; sein ist Macht und Vorsehung; seine Wege sind unerforschlich, seine Werke sind alle gut, sein Wille ist es, daß er besonders verehrt werde.

5

ten aber nur jene, deren Vorstellung von Gott dem höchsten Ideal des Guten entsprach. Die Ergebenheit zu Ihm bewirkte Mäßigung und Zähmung in den guten und Trost und Hoffnung in den bösen Stunden. Demnach ist der Glaube an Gott eine Gnade.

6

Gott gewordenes Dasein und darum doch mit Gott verbunden. ... So sehr der Demütige sich als Kreatur erlebt, so sehr er um die Erhabenheit und damit um das Unnennbare, das Unergründliche, das Unendliche und Ewige Gottes weiß, er weiß als Geschöpf Gottes nicht minder um die Beziehung alles Menschlichen zu dem lebendigen Gott ...

1.3 Gott in der Sprache unserer Zeit

7

Man sagt oft, daß Gott im Islam ein transzendenter Gott, ein abstrakter Gott sei. Man könne ihn nicht mit Hilfe eines vernunftgemäßen oder anschaulichen Bildes darstellen. Irrtum! Gott im Islam ist dieser immanente Gott, dieser Gott, der überall in der Seele und in der Welt erscheint. In der klassischen Theologie war die Transzendenz eine sehr berechtigte starke Reaktion gegen den Anthropomorphismus. Aber die Transzendenz will ebenfalls ... die Befreiung der Seele von jedem inneren oder äußeren Zwang, die Gleichheit aller Bürger und die Gemeinschaft aller Güter ausdrücken. Gott ist so eine Tätigkeit des Menschen oder eine Struktur der Welt ...

Keine Theologie ist also möglich, denn es gibt nicht eine „Wissenschaft" von Gott. Die einzige mögliche Theologie wäre die Anthropologie, die Wissenschaft vom Menschen, das Wort Gottes in einer Analyse der Situation des Menschen in der Welt.

Gott ist nicht das *per se* im Verhältnis zum *per aliud*, wie die Phi-

8

Wir wissen alle, daß sie nicht mehr zu leugnen ist: die Kompetenz des Menschen für die Geschichte. Er ist längst nicht mehr nur Schauspieler, sondern (mit welchem Erfolg auch immer) Regisseur der historischen Szenerie. Könnten wir uns Gott ausdenken als denjenigen, der in seiner Weltferne Marionetten dirigiert, so würde uns unschwer auch die nächste Vorstellung gelingen, daß alles nach vorgefaßtem Plan abläuft und daß nichts eintreten kann, was nicht längst seine Stelle und seinen Stellenwert in Gottes ewigem, zeitunabhängigem Konzept hätte. Diese Vorstellung jedoch ... kann gar nicht Ernst machen mit der Geschichte. Würde dagegen christlicher Glaube mit Geschichte Ernst machen wollen, so müßte er sich in ein Wagnis verstricken, für das wir nicht reif sind: er müßte Gott selber als einen Akteur im engsten Zusammenhang mit dem Werk des Menschen sehen. Er müßte den Schöpfer in die Kooperation mit seinen Geschöpfen hinein glauben. Mehr noch: er müßte den

9

Das Bezeichnende im Judentum ist so das Verhältnis des Menschen zu Gott. Ein Bewußtsein ist darin ein wesentliches, das *Bewußtsein, geschaffen zu sein.* Begriff und Wort hiervon sind als ein Besitz des Judentums in die Welt getreten, sie sind seinem Glauben an den einen Gott eigentümlich. Gegenüber dem Schicksal und der Natur und ihren Göttern fühlt sich der Mensch abhängig, von den Göttern abhängig in den Ereignissen, den Zufällen seines Lebens, schlechthin abhängig von dem Fatum und auch dem Universum; er fühlt sich hier gezwungen und getrieben, schlechthin erwählt oder verworfen. Dem einen Gotte gegenüber empfand dagegen der israelitische Mensch etwas ganz anderes: er wußte sich von Gott geschaffen, selbst geschaffen, wie alles geschaffen ist. Sein Leben und alles Leben rings umher wurde ihm damit zur Offenbarung des einen Gottes; Offenbarung und Schöpfung ist im religiösen Sinne dasselbe. Es ist das Bewußtsein, das hier den Menschen erfüllt hat, mit dem Ei-

7

losophen sagten, sondern er ist die Bewegung der Geschichte. Wenn die Offenbarung in der prophetischen Geschichte die Befreiung der Seele zum Auftrag hat, so hat sie in der Gegenwart die Befreiung der Seele und der Erde zum Auftrag. Gott ist so eine befreiende Kraft. Gott existiert als die Zukunft der Menschheit. Gott ist das Werden und der Fortschritt. Gott ist die Geschichte. Gott ist das, was wir nötig haben, die Entwicklung und die Befreiung, das Brot und die Freiheit.

8

Mut haben, von Gott als dem mobilen, dem wandelbaren Gott zu reden. Gott ist nicht der Unbewegte, der die Welt bewegt – er hat selber Geschichte. Deswegen, allein deswegen kann es Sinn haben, nicht bloß von ihm, sondern sogar mit ihm zu reden. Er macht nicht als Solist Geschichte, Geschichte ist Gemeinschaftsarbeit. Und die Menschen sind nicht Marionetten, sondern Mitwirkende, nicht Kinder, sondern Erwachsene, nicht Sklaven, sondern Partner. Wer so glaubt, verdrängt Gott nicht in die Unfruchtbarkeit der Transzendenz. Er rechnet mit ihm in seinem Horizont.

9

nen, mit dem, der anders als alles ist, verbunden zu sein, von ihm umfaßt und gehalten zu werden, in ihm für das Geheimnis des eigenen Ursprungs und des Ursprungs von allem, des Lebens von allem Lebenden, des Daseins von allem Daseienden die Antwort zu wissen ...

An die Stelle der Sagen von Entstehung und Vernichtung, wie die Mythologie sie hat, tritt hier der Schöpfungsgedanke, dieses seelische Erlebnis von der Beziehung alles Menschlichen und aller Welt und aller Zeit zu dem lebendigen Gotte. An die Stelle des Fatalismus, der nur die Ketten und die Abgründe des Unabwendbaren zeigt, tritt der Gedanke der göttlichen Allgegenwart, der Gegenwart Gottes in seiner Schöpfung. Das Dunkel des Werdens wird so zur Gewißheit des Ursprungs und des Lebens.

1.4 Gott und die Mündigkeit des Menschen – Kritik an der Allmacht

10

So verstanden gehen die Muslime einen Schritt weiter und erklären, der Islam, weit entfernt davon, ein versklavendes und erniedrigendes System blinder Verehrung zu sein, werde zu einem großen emanzipatorischen Bekenntnis. Der Mensch anerkennt, nimmt er dieses Bekenntnis ernst, keinen Herrn außer Gott, keine Treuepflicht als ihm gegenüber, keinen Gehorsam außer gegen sein Gebot, keine Unterwerfung als unter seinen göttlichen Willen. Er wird befreit von allen anderen Fesseln, den Fesseln an falsche Götter, tyrannische Herrscher, ungerechte Systeme und Regime, verführerische Dinge und irdische Bindungen, wenn diese seiner höchsten Bestimmung widersprechen: der Treue gegen seinen Schöpfer und Erhalter.

11

Christlich kann Religion erst dann genannt werden, wenn sie diese Sinnmomente – „Tod Gottes" als Absoluten/Übermächtigen, Annahme des unannehmbaren Menschen, Versöhnung in einer als entfremdet erfahrenen Wirklichkeit – in sich einzubeziehen vermag bzw. in sich enthält. Zu ihr gehören: die Bestärkung von menschlicher Fähigkeit, sich selbst anzunehmen (geschenkte Identität), sich selbst zu entäußern und zu leiden (imitatio crucis), gesetzfreie Gegenwart anzunehmen und zu verändern (realistischer Reformwille).

12 ... Rabbiner A. Lelyveld nimmt an, um das Problem des Bösen zu lösen, müsse man einige Aspekte der göttlichen Allmacht, wie wir sie herkömmlicherweise verstanden haben, aufgeben. ‚Wir müssen zugeben, daß *Böses* in gewaltigem Ausmaß vorhanden ist, über das Gott keine Gewalt ausübt.‘ Trotzdem stelle er Forderungen. Gott ruft die Juden auf, sagt Lelyveld, seine Mitarbeiter bei der Vollendung der Welt zu sein, nicht um gerettet zu *werden*, sondern um an der Erlösung der Menschheit *mitzuwirken*. Ja, je größer das Übel, desto eindringlicher bis zur Schmerzhaftigkeit ist der Ruf. Aber auch Gott leidet. ‚Er weinte über Auschwitz.‘ Dieses ‚Mitleiden im Herzen des Universums‘ ermöglicht es dem Menschen, mit Gott in ‚Partnerschaft‘ zu treten, trotz eines nie vorher gekannten Ausmaßes des Bösen.

13 Der Name dieser unendlichen Tiefe (des Lebens) und dieses unerschöpflichen Grundes alles Seins ist Gott. Jene Tiefe ist es, die mit dem Wort Gott gemeint ist. Und wenn das Wort für euch nicht viel Bedeutung besitzt, so übersetzt es und sprecht von der Tiefe in eurem Leben, vom Ursprung eures Seins, von dem, was euch unbedingt angeht, von dem, was ihr ohne irgendeinen Vorbehalt ernst nehmt. Wenn ihr das tut, werdet ihr vielleicht einiges, was ihr über Gott gelernt habt, vergessen müssen, vielleicht sogar das Wort selbst. Denn wenn ihr erkannt habt, daß Gott Tiefe bedeutet, so wißt ihr viel von ihm. Ihr könnt euch dann nicht mehr Atheisten oder Ungläubige nennen, denn ihr könnt nicht mehr denken oder sagen: Das Leben hat keine Tiefe, das Leben ist seicht, das Sein selbst ist nur Oberfläche. Nur, wenn ihr das in voller Ernsthaftigkeit sagen könnt, wäret ihr Atheisten, sonst seid ihr es nicht. Wer um die Tiefe weiß, der weiß auch um Gott.

⇨ 97–109

1.5 Gott als Schöpfer

14 Lobe den Herrn, meine Seele! Herr, mein Gott, du bist sehr herrlich; du bist schön und prächtig geschmückt.
Licht ist dein Kleid, das du anhast. Du breitest den Himmel aus wie einen Teppich;
du baust deine Gemächer über den Wassern.
Du fährst auf den Wolken wie auf einem Wagen und kommst daher auf den Fittichen des Windes,
der du machst Winde zu deinen Boten und Feuerflammen zu deinen Dienern;
der du das Erdreich gegründet hast auf festen Boden, daß es bleibt immer und ewiglich.
Mit Fluten deckest du es wie mit einem Kleide, und die Wasser standen über den Bergen.
Aber vor deinem Schelten flohen sie, vor deinem Donner fuhren sie dahin.
Die Berge stiegen hoch empor, und die Täler senkten sich herunter zu dem Ort, den du ihnen gegründet hast.
Du hast eine Grenze gesetzt, darüber kommen sie nicht und dürfen nicht wieder das Erdreich bedecken. ...
Herr, wie sind deine Werke so groß und viel! Du hast sie alle weise geordnet, und die Erde ist voll deiner Güter.
Da ist das Meer, das so groß und weit ist, da wimmelt's ohne Zahl, große und kleine Tiere.
Dort ziehen Schiffe dahin; da sind große Fische, die du gemacht hast, damit zu spielen.
Es warten alle auf dich, daß du ihnen Speise gebest zur rechten Zeit.
Wenn du ihnen gibst, so sammeln sie; wenn du deine Hand auftust, so werden sie mit Gutem gesättigt.

Verbirgst du dein Angesicht, so erschrecken sie! Nimmst du weg ihren Odem, so vergehen sie und werden wieder Staub.
Du sendest aus deinen Odem, so werden sie geschaffen, und du machst neu die Gestalt der Erde.

15 Allah ist es, der die Himmel und die Erde, und was zwischen ihnen ist, in sechs Tagen erschaffen hat und sich dann auf den Thron niederließ. Außer ihm habt ihr keinen Beschützer und keinen Vermittler. Wollt ihr das nicht bedenken?
Er regiert über alle Dinge von den Himmeln bis zur Erde; dann kehren sie zu ihm zurück, an jenem Tag, dessen Länge, wie tausend solcher Tage ist, wie ihr sie zählt.
Er kennt die geheime Zukunft und die Gegenwart, er, der Allmächtige und Allbarmherzige. Er ist es, welcher alle Dinge auf die schönste Weise geschaffen hat und der den Menschen zuerst aus Lehm und seine Nachkommen später aus Samen, aus schlechtem Wasser schuf. Er formte ihn und hauchte ihm von seinem Geist ein, und er gab euch Gehör, Gesicht und Herz. Doch wie wenige sind ihm dankbar dafür.

⇨ 75–81

1.6 Probleme mit dem Gott der Liebe

16 Der Mensch des westlichen Kulturraumes erfährt seine gesellschaftliche Umwelt wohl vorwiegend als Raum des Lebenskampfes und der harten Bewährung. Die Familie, aus der er kommt, soll ihm dabei mit ihrer Intimität der Beziehungen einen Schutzraum bieten, in dem er sich von den täglichen Mühen erholt und zugleich sich für sie stärkt. Diese Intimität in der Kleinfamilie prägt seinen Begriff von Liebe. Über diese in seinem Leben so entscheidende Komponente vermag er noch am ehesten Zugang zu jener Wirklichkeit zu finden, die die Religionen mit Gott bezeichnen. Daß der ‚Gott der Liebe' das entscheidende Charakteristikum des Christentums sei, ist vielleicht auch deshalb nahezu zu einem Gemeinplatz der christlichen Theologie geworden.
Doch ist das eine nicht unproblematische Vereinfachung. Wohl handelt Jesus selbst aus Menschen- und Gottesliebe, doch spricht er nicht selbst von Gott als Liebe; das geschieht im Neuen Testament vor allem im johanneischen Schrifttum, ausdrücklich in 1 Joh 4, 16. Das Neue Testament insgesamt betont jedoch die vielen Gesichter Gottes. Eine nochmalige Vereinfachung aber stellt es dar, wenn das Christentum aufgrund seines Gottesbegriffs in Gegenüberstellung zu anderen Religionen zur Religion der Liebe schlechthin wird.

Wer ist Gott?

17 ... Christen sagen: Wenn wir etwas von Gott wissen wollen, müssen wir uns an Jesus halten. In der Bibel steht, was Jesus von Gott gesagt hat. Jesus sagt: Gott hat uns lieb wie ein guter Vater seine Kinder. Darum können wir Gott ‚Vater' nennen. Wir können Gott alles sagen: worüber wir traurig sind und worüber wir uns freuen. Er weiß, was wir brauchen, noch bevor wir ihn bitten. Er kennt und versteht uns. Bei Gott sind wir geborgen, wenn es uns gut geht, wenn wir krank sind, wenn wir allein sind, sogar wenn wir sterben. Gott kann aus dem Tode neues Leben schaffen. Jesus sagt: Gott braucht uns. Gott braucht uns für andere Menschen. Wenn wir anderen helfen, wenn wir gut zu ihnen sind, können sie merken: Gott hat uns lieb. Jesus hat vielen Menschen gezeigt, daß Gott sie liebhat: Kranke hat er geheilt, Hungrigen hat er zu essen gegeben, Traurige hat er getröstet, Einsame hat er besucht. Da glaubten viele von ihnen: Gott hat uns lieb.

➩ Mt 10,28; Hebr 10,31; 12,29

18

Der Herr ... ist der ‚himmlische Vater'. Das klingt uns Heutigen linde und wirkt oft fast gemütlich, etwa wie der ‚liebe Gott'. Aber damit mißverstehen wir den biblischen Sinn sowohl des Substantives wie des Prädikates. Dieser ‚Vater' ist *zuerst* der *heilig-erhabene König* dieses ‚Reiches', das dunkel-dräuend ... aus den Tiefen des ‚Himmels' herannaht. Indem er sein Herr ist, ist er nicht weniger ‚heilig' numinos geheimnisvoll ... als sein Reich sondern viel mehr, und alles das in absolutem Maße ...
Darum folgt der Anrede ‚Vater unser' alsbald das Wort ‚Geheiligt werde dein Name', das weniger Bitte als scheuer Huldigungs-anruf ist ...
Daß dieses geheimnisvoll-Scheubare, dieses fremde Unnahbare ‚im Himmel' zugleich selber heimsuchend-nahender Gnadenwille sei: dieser aufgelöste *Kontrast* erst macht die Harmonie echten christlichen Grundgefühles aus.

Die Bildelemente 19–22 stellen Kinderzeichnungen von Gott dar, so wie ihn sich englische Muslime, Juden und Christen vorstellen. Die Aufgabe lautete: Versuche, ein Bild von Gott zu malen und erläutere die Zeichnung.

19 *Muslim*

(Kein Lebender hat Gott jemals gesehen und wird es auch niemals.)

20 *Jude*

(... weil der Berg Sinai der Berg Gottes ist, und ich Gott in der Bibel immer als große Wolke gesehen habe.)

21 *Christ*

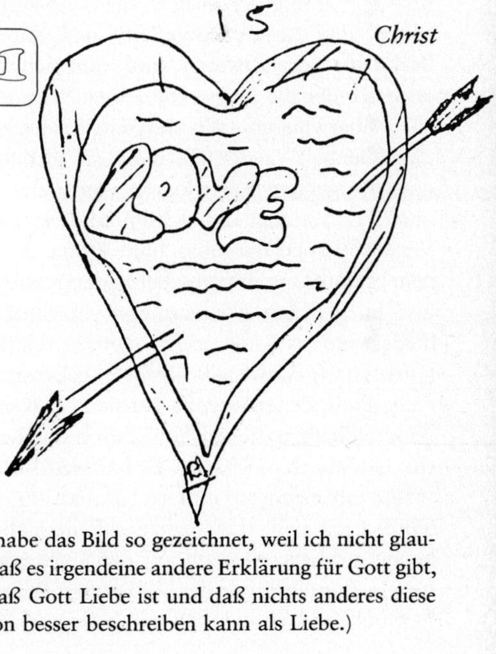

(Ich habe das Bild so gezeichnet, weil ich nicht glaube, daß es irgendeine andere Erklärung für Gott gibt, als daß Gott Liebe ist und daß nichts anderes diese Person besser beschreiben kann als Liebe.)

22

Christ

23 Gott der Herr gilt seinem Volk zugleich als der Gott der Vergeltung und der Gott der Liebe, er wird in einem Atemzug angerufen als „unser Gott" und als „König der Welt" oder ... als „unser Vater" und „unser König". Er will, daß man ihm diene „mit Zittern", und freut sich, wenn seine Kinder die Angst vor seinen Wunderzeichen überwanden. Wo die Schrift von seiner „Erhabenheit" redet, da redet sie alsbald im nächstfolgenden Verse schon von seiner „Demut". Er verlangt die sichtbaren Zeichen der seinem Namen dargebrachten Opfer und Gebete und der vor ihm geschehenden Kasteiung; und im gleichen Atemzug fast verschmäht er beides und will nur geehrt werden durch die namenlosen Werke der Nächstenliebe und Gerechtigkeit, denen niemand ansieht, daß sie um seinetwillen geschehen, und durch das heimliche Glühen des Herzens. Er hat sein Volk erwählt, aber um an ihm zu strafen alle seine Sünden. Er will, daß jegliches Knie sich ihm beuge, und thront doch auf den Lobgesängen Israels. Für die Sünde der Völker tritt Israel vor ihm ein, und wird mit Krankheit geschlagen, auf daß jene Heilung finden, – vor Gott stehen sie beide, Israel sein Knecht und die Könige der Völker, und unentwirrbar für menschliche Hände schlingt sich der Knoten von Leiden und Schuld, von Liebe und Gericht, von Sünde und Versöhnung.

24 Die Interpretation der Schöpfung ausschließlich als Ausdruck göttlicher Liebe spiegelt nicht die Meinung aller Muslime wider. Sie ist jedoch auch nicht so exzeptionell, wie der christliche Leser vielleicht annimmt. Immer mehr muslimische Theologen – vor allem diejenigen, die sich mit dem Christentum auseinandersetzen oder mit ihm Dialog führen – sehen die Notwendigkeit, sich mit unangemessenen Zügen im Gottesbild auf beiden Seiten auseinanderzusetzen. Dem christlichen Vorwurf, Allah sei ein Furcht einflößender Willkürherrscher, der vom Menschen bedingungslosen Gehorsam fordert und keine Gnade kennt, stellt man Untersuchungen und Erfahrungen entgegen, die darlegen, daß der islamische Gott in erster Linie barmherzig ist:
Andererseits ist Islam nicht einfach eine besondere Beziehung zwischen Mensch und Gott. Vor allem stellt er eine harmonische Beziehung dar, die voller Liebe ist. Allah-Gott wird von dem Ausdruck Walah abgeleitet, der die Bedeutung von „Fülle von Liebe", „Wunsch, sich selber hinzugeben" besitzt. Die Schöpfung ist Ausdruck dieser Liebe, die reichliches Geben in sich schließt. Unser Islam ist unsere Antwort auf das Geschenk der Liebe, die in Seinem Wesen verkörpert ist. Das Universum ist eine transzendente Manifestation der göttlichen Fülle und der Tatsache, daß Gott sich selbst gibt. Darüber hinaus stellt es das direkte Eingreifen Gottes durch seine Gesandten und seine Propheten dar. Gottes Offenbarung, wie sie in dem unerschaffenen Wort endlich gemacht wurde, ist nicht weniger als ein Akt der umfassenden Liebe Gottes für die Kreatur. Für den

Gläubigen wird der Islam wiederum ein Akt des Erkennens und der Dankbarkeit, nicht nur für die Manifestation der erschaffenen Welt, sondern auch für das unerschaffene Wort.

➩ 35, 93–96, 195–206.

1.7 Trinität und Kreuzigung Gottes

25 In ihrer letzten Unbegreiflichkeit war die klassische Trinitätslehre der Glaubensbekenntnisse den Theologen immer ein Ansporn, neue Auslegungen zu wagen. Der katholische Theologe Jürgen Werbick spricht davon, daß das Reden von der Trinität auf „Gottes Selbstunterscheidung“ aufmerksam mache. „Der christliche Gott ist der sich in sich unterscheidende Gott (eben: der dreifaltige) Gott.“ Im Geiste Gottes erkenne der Mensch Gott als Vater, der Leben spendend seine Liebe erweise – durch den Sohn: denn im ‚Bruder Jesus‘ werde Gott selbst mit den Menschen solidarisch. Der Geist Gottes garantiere die Einheit zwischen diesen Selbstunterscheidungen.

26 Gott ist Einer als Vater, Sohn und Geist, er ist triunitas; und zwar ist er Einer, wenn er mir entgegensteht, ich mich also nicht in der heilsamen religiösen Beziehung zu ihm befinde: dann ist der Vater über mir als der Zornige und Verwerfende, der Sohn ist gegen mich als der Richter, und auch der Geist ist ganz auf Gottes Seite, denn er ist nicht in mir; Gott ist also einheitlich gegen mich. Aber Gott entfaltet sich in dreifacher Weise, wenn ich im heilsamen Akt ihm begegne. Dann ist Gott als der Vater bei mir, als der mich leitende und behütende, als der Sohn ist er für mich als der für meine Fehler eintretende und sie erfüllende, und als der Geist waltet Gott in mir als der mich zur Trinität hinzubringende. Gott wirkt in diesem Akt nicht einheitlich und nach außen, so wie alle seine Wirkungen „ad extra“ einheitlich sind, er zieht mich vielmehr durch die Einwohnung des Geistes in das trinitarische Wirken „ad intra“ hinein, und das ist dreifältig; Gottes Dreiheit entsteht also für mich durch den heilsamen religiösen Akt. Gott einer und Gott drei, das ist der Widerspruch, der letztlich durch keine metaphysische Konstruktion logisch ausgeglichen werden kann.

27 Christen leugnen zu Recht sehr nachdrücklich, daß ihr Glaube ein Tritheismus sei. In der Tat, ein solcher Glaube wird von allen Christen als ausgesprochen häretisch angesehen. Die christliche Behauptung besagt, daß die drei Personen der Trinität, obgleich gesondert, dennoch eine sind. Aber vom jüdischen Standpunkt aus stellt der christliche Glaube eine Verletzung des reinen Monotheismus dar, und jüdische Märtyrer haben eher ihr Leben dahingegeben als den christlichen Glauben anzunehmen. Ein besonderer Einwand wurde von jüdischer Seite immer gegen das christliche Dogma von der Fleischwerdung erhoben. Im Judentum kann der Mensch Gott sehr nahe sein und Gott dem Menschen, aber Gott und Mensch sind dennoch unterschieden, so daß das Judentum es als eine Blasphemie ansieht anzunehmen, daß zu einer bestimmten Zeit in der menschlichen Geschichte das Göttliche Mensch wurde.

28 ... Der erste Hauptartikel im Bekenntnis des Islam ist der Glaube an den einen wahren Gott, die unsichtbare und allgegenwärtige Gottheit, die allein das ganze Universum regiert. Er eifert in erster Linie um die „Einzigkeit“ dieses Gottes ...

Hier taucht der erste Widerspruch zum Christentum auf. Der Islam verwirft die Trinität. Die Einzigkeit Gottes bedeutet Seine Einzigartigkeit und also, daß Er allem anderen ungleich ist, bedeutet auch die Unmöglichkeit, daß Er irgendeine menschliche oder physische Gestalt annimmt. So weist der Islam das Bekenntnis der Fleischwerdung zurück, er verabscheut es. Es ist wahr, viele Muslime haben fälschlicherweise geglaubt, die Christen würden drei verschiedene Götter verehren, und haben deren Protest nicht genügend beachtet, daß ihr Glaube an die Dreieinigkeit nicht eine Vielheit von Göttern einschließt, daß Gott für sie vielmehr nach wie vor einer ist. Aber selbst wenn Muslime begreifen, daß im christlichen Glauben die Trinität nicht mit Gottes Einheit in Widerspruch gerät, fürchten doch selbst die tolerantesten und weitherzigsten unter ihnen, sie beeinträchtige jene Einzigkeit und Einzigartigkeit irgendwie und schmecke doch nach Anthropomorphismus ...

29 Das folgende Gespräch stellt einen Ausschnitt dar aus einer christlich-islamischen Diskussion im Anschluß an den Vortrag Isma'il al-Faruqis über das Wesen der islamischen Missionsidee.

al-Faruqi: Sie sprechen von Gott als demjenigen, der „bereit ist und sich selbst dem Menschen offenbaren will". Gott offenbart sich selbst *nicht.* Er offenbart sich niemandem auf irgendeine Weise. Gott offenbart nur seinen Willen. Erinnern wir uns daran, wie einer der Propheten Gott bat, sich zu offenbaren, Gott ihm aber antwortete: „Nein, es ist mir nicht möglich, mich jemandem zu offenbaren."

Cragg: Halten Sie diese Unterscheidung für absolut? Ist nicht vielmehr der Wille Ausdruck des Wesens?

al-Faruqi: ... Christen sprechen von der Offenbarung Gottes selbst – des Gottes durch den Gott – aber hierin liegt der große Unterschied zwischen Christentum und Islam. Gott ist transzendent, und sowie man von Selbstoffenbarung spricht, läuft dies auf Hierophanie und Immanenz heraus. Dann aber wird die Transzendenz Gottes kompromittiert. ...

Cragg: Sie berauben Gott seiner souveränen Freiheit, seine Transzendenz so zu manifestieren, wie er es will – dies kann darin bestehen, daß er sich in die Bedingungen des Menschen herabläßt im Sinne einer Inkarnation. Lassen Sie Gott selber Herr sein und entscheiden, was sich für seine Transzendenz ziemt.

al-Faruqi: Was bedeutet dies: „Lassen Sie Gott den Herrn seiner Transzendenz sein"? Immerhin gibt es diesen geoffenbarten koranischen Text: „Ihm gleicht nichts" (Koran 42, 11).

Cragg: ... Die Frage betrifft das Ausmaß, bis wohin man das göttliche Sich-opfern interpretiert, das im Zentrum des christlichen Glaubens steht – „obwohl er Gott war, nahm er selbst Knechtsgestalt an". Sie erwähnten soeben das Beispiel des Königtums. Wir haben ein wundervolles Beispiel des Königtums in Shakespeares Heinrich V. Der König legt dort seine Krone beiseite und kümmert sich in einer unheilvollen Situation um den gemeinen Soldat. Ist dies weniger königlich als im Palast auf einem Thron zu sitzen? Ich denke, die meisten von uns würden meinen, daß dies nicht der Fall ist.

al-Faruqi: Nein, es ist nicht weniger königlich, aber das „wie" muß näher bestimmt werden. Wenn Sie damit sagen wollen, daß der König anschließend noch die Schuhe der Soldaten zu putzen beginnt und ihre Patronenhalfter trägt, dann ist dies nicht königlich. Aber denken Sie daran, daß ein Muslim glaubt, Gott stehe ihm näher als seine eigene Halsschlagader und daß unser Erfolg von ihm abhängt. Dies als eine besondere Reduzierung der göttlichen Transzendenz auszulegen, ist nicht zulässig.

30 Ausspruch eines protestantischen Theologen: *„Ohne Christus wäre ich Atheist.“*

31 Die folgenden Überlegungen Moltmanns (32) stellen eine konsequente Radikalisierung der christlichen Lehre von der Gottessohnschaft dar und sind vor allem auch in christlicher Volksfrömmigkeit so oder ähnlich anzutreffen, wenn die Leiden Jesu undifferenziert und unreflektiert als Gottes Leiden identifiziert werden.

„Sei, heilges Kreuz, gegrüßet,
an dem mein Gott gebüßet
für aller Menschen Schulden
aus Lieb und freiem Dulden.“

Diese Sprache wird jedoch nicht von allen christlichen Theologen gutgeheißen. Man wendet dagegen ein, daß dadurch die Grenzen zwischen Vater, Sohn und Geist innerhalb der klassischen Trinitätslehre verwischt würden. So schreibt etwa der katholische Theologe Hans Küng: „Von einem ‚gekreuzigten Gott‘ sollte man freilich nicht sprechen. Als ob Gott, der Vater, gekreuzigt worden sei und nicht der Sohn ... Wohl aber kann und darf man sprechen von einem ‚im Gekreuzigten verborgen offenbarten Gott‘.“ (Existiert Gott? München 1978, S. 754). – Abgesehen davon, daß ein gekreuzigter Gott angesichts der nicht endenden Leiden in der Welt theologisch fast noch größere Probleme bereitet als die Leiden des ‚Bruder Jesus‘.

32 „War Gott in Christo“, wie Paulus sagt, so wird durch Christus die neue Gottessituation offenbar. Wie aber sieht dieser im Kreuz eröffnete Lebensraum Gottes aus, und wie erfährt sich der Mensch in ihm?

Christliche Theologie spricht nach Philipper 2 von der endgültigen und vollendeten Selbsterniedrigung Gottes in der Person und im Kreuzestod Jesu. Damit geht Gott in die begrenzte, endliche Situation des Menschen ein ... Er erniedrigt sich selbst und nimmt das volle Menschsein an, so daß jeder durch sein Dasein an ihm teilhaben kann. Vollendet sich die Erniedrigung Gottes im Kreuz Christi, so geht Gott nicht nur auf die Endlichkeit des Menschen ein, sondern auch auf die Situation seiner Gottverlassenheit. Er stirbt mit Jesus nicht einen natürlichen Tod, sondern den gewaltsamen Verbrechertod am Kreuz. Er stirbt den Tod der vollendeten Verlassenheit auf Golgatha. Das Leiden im Leiden Jesu ist die Verlassenheit, ja die Verwerfung von dem Gott, den er seinen Vater nannte ... Der menschgewordene Gott ist in der Menschheit jedes Menschen gegenwärtig und erfahrbar. Keiner muß sich verstellen und verändern, um in ihm zu seiner Menschlichkeit zu kommen. ... Jesus erleidet das Sterben in der Verlassenheit. Er erleidet aber nicht den Tod, denn den Tod kann man nicht „erleiden“. Der Vater aber erleidet den Tod des Sohnes im Schmerz seiner Liebe ... Um das Leiden und den Tod in Gott zu verstehen, muß man trinitarisch sprechen und muß den monotheistischen Gottesbegriff draußenlassen ... Das Geschehen am Kreuz ist zuerst ein Geschehen in Gott. Es ist ein Geschehen zwischen dem hingebenden Vater und dem verlassenen Sohn in der Kraft der Hingabe, die Geist genannt zu werden verdient. Im Kreuz sind Jesus und der Vater durch die Verlassenheit aufs Tiefste getrennt und zugleich im Geist der Hingabe aufs Innigste vereint. Aus dem Geschehen zwischen Jesus und seinem Vater am Kreuz geht der Geist hervor, der Verlassene aufrichtet, Verachtete rechtfertigt und Tote lebendig machen wird. Verstehen wir die Trinitätslehre als Beschreibung der Gottessituation im Kreuz Christi, so ist sie keine Spekulation mehr. Sie ist nichts anderes als die Kurzfassung der Passionsgeschichte.

⇨ Christus; 75–92, 93–96.

2 Christus

2.1 Einleitung

33 Das Christentum ist eine Religion, die durch die Person und das Werk Jesu von Nazaret begründet ist. Daher kann dieser Jesus aus Nazaret als Stifter dieser Religion betrachtet und mit anderen Religionsstiftern verglichen werden (38, 39). Überlegungen zu dem, was Christentum eigentlich ausmacht, konzentrieren sich recht schnell auf die Person und das Werk Jesu.

So ist in der Mitte des Christentums im Kontrast zu den anderen hier vorgestellten Religionen eine Person und ihre Geschichte, die als *Heilsgeschichte* angesehen werden mag, vorzufinden (40–43).

Inkarnation, die *Menschwerdung* eines Gottes, ist ein religionsgeschichtlich allgemein bekanntes Phänomen (46). Doch sind bei der Betrachtung einzelner Religionen sofort Differenzierungen vorzunehmen, so z. B. hinsichtlich der Anzahl von Inkarnationen: gibt es eine oder viele Inkarnationen (45, 48–52)?

Im christlichen Glauben ist Jesus Christus die Mittlergestalt. Sein Tun wird als die Vermittlung der Möglichkeit eines Gesprächs zwischen Gott und Mensch angesehen. Jesus hat stellvertretend für alle Menschen den Tod durchlitten. Von diesem Gedanken heben sich die beiden anderen prophetischen Religionen, Judentum und Islam, deutlich ab (53–57), wohingegen im Mahayana-Buddhismus eine gewisse Annäherung an das Christentum zu sehen ist, denn auch hier ist das Phänomen des Stellvertretend-auf-sich-nehmens bekannt (58–60).

In einer Welt, die andere als religiöse Erklärungen zur Bewältigung von Problemen heranzieht, werden Religionen auch ständig in Frage gestellt. So ist es nicht verwunderlich, wenn die Lösungsangebote der einzelnen Religionen mit der modellhaften Problemlösungspraxis ihrer Stifter legitimiert werden (61–66).

Die Frage nach der Relevanz von Mitte der Botschaft, Funktion eines Mittlers und Inkarnation kulminiert möglicherweise in der Antwort, daß nicht nur der Eintritt in das Leben, das Leben in seiner paradigmatischen Praxis, sondern auch der Tod, nicht nur als *ein*, sondern als *das* Heilsereignis anzusehen sei, insofern er gerade Auferstehung ermöglicht (67–73).

Zur Besinnung:

34 Für uns bringt Jesus Gott zur Sprache in einer Zeit, die in den meisten ihrer Lebensbereiche – wenn nicht in allen – ohne Gott auszukommen scheint. ... Der historische Jesus war ein Mensch, der uns auch weiterhin die Frage stellt, ob nicht die Gotteswirklichkeit die wichtigste Angelegenheit des menschlichen Lebens ist, eine Frage, die bei positiver Beantwortung von uns eine radikale ‚Metanoia' verlangt: eine *Neuorientierung* unseres eigenen Lebens.

35 Die Evangelisten schildern ihn [Jesus] als einen vorbehaltlos offenen und hingabebereiten Menschen, als einen Mann, der in der Liebe lebt. Wenn aber bei Jesus kein Augenblick des Lebens von der Liebe ausgenommen ist, wenn sein Leben ohne die Basis der Liebe sinn- und ortlos erschiene, wenn sein Reden und Handeln geradezu von der Liebe bestimmt wird, wenn demnach sein ganzes Leben mit Liebe an- und ausgefüllt ist, dann dürfte es keine Übertreibung sein zu be-

haupten, daß Liebe geradezu sein Wesen darstellt, daß er wesentlich Liebe ist. ... Ist aber die Liebe in Jesus schlechthin existent, ist er selbst die Liebe in Person, dann ist er mehr als der menschlichste Mensch, dann ist er „Gott-mit-uns“. So eröffnet sich hier ein Durchblick über den Menschen Jesus hinaus auf Gott hin. Zwar ist Jesus die Erfüllung des Humanum, aber er transzendiert gleichzeitig das Humanum, indem er es zur Vollendung führt.

36 Wer aufmerksam die neutestamentlichen Texte studiert, sieht jedoch zumindest, daß zwischen dem, was Jesus und seine Jünger erwartet hatten, und dem, was dann eintraf, ein klaffender Widerspruch besteht. Sie erwarteten den baldigen eschatologischen Umbruch – es folgte die Geschichte des Christentums. Sie erwarteten das Königreich Gottes – es kam die Kirche. ... Es stellt sich allerdings auch die Frage, ob man dies Jesus selbst vorwerfen kann, ob man sagen kann, er sei ein Mensch voller Illusionen gewesen und die Entwicklung habe ihm einfach nicht recht gegeben. Es ist sehr fraglich, ob dies als ein gewisser „Mangel“ seines Denkens und seiner Ideale, seiner Kraft und des Einflusses seiner Persönlichkeit angesehen werden soll. Sicher, es hätte viel mehr die Christen selbst beunruhigen sollen und können, doch andererseits muß gerade der objektive Nichtchrist feststellen, daß bisher in der Geschichte kein Fall bekannt ist, in dem es nicht zu einem ähnlichen Mißverhältnis gekommen wäre.

37 Zusammenfassend kann man sagen, daß von der Gestalt Jesu Impulse zur Diesseitigkeit und Emanzipation, zur Befreiung und Solidarität, kurz: zur Menschwerdung des Menschen ausgegangen sind und bis heute ausgehen. Sich auf diesen Weg Jesu einzulassen, bedeutet konkrete Nachfolge im profanen Alltagsleben. Daß sie nicht in geschichtsloser Distanzlosigkeit geschehen kann, versteht sich nach dem vorher Gesagten von selbst.

⇨ 8, 9, 16–24.

2.2 Jesus im Kreise der Religionsstifter

38 Man hat oft versucht, die Individualität Jesu und seine religionsgeschichtliche Besonderheit in den vielerlei außergewöhnlichen Ereignissen zu sehen, die sich nach den Berichten der Evangelien an seiner Person vollzogen haben. In der Tat scheinen Überlieferungen wie die von der jungfräulichen Empfängnis, Erscheinungen bei seiner Geburt und Berufung, den mannigfachen Wundern, Auferweckung und Himmelfahrt Jesus von Nazaret zu einer singulären Erscheinung zu machen. Ob solche Begebenheiten das wesentlich Unterscheidende an der Person Jesu ausmachen, muß vom religionsgeschichtlichen Kontext her überprüft werden.

Jesus	Buddha	Muhammad
Empfängnis und Rolle der Mutter: Mt 1, 18–24; Lk 1, 26–38	Vor irdischem Auftreten existierte Siddharta Gautama (Buddha) als Bodhisattva (= Wesen, das auf die „Erwachung" zugeht) in einem Himmel. Zur letzten Geburt vor dem Eingang in das Nirvana soll der Bodhisattva auf die Erde niedersteigen, um in einem Fürstenhaus geboren zu werden. Die Mutter Maya empfängt den Bodhisattva in Gestalt eines weißen Elefanten. Schwangerschaft verläuft beschwerdelos und wird mit wunderhaften Zügen ausgeschmückt. Die Mutter des Stifters wird idealisiert.	Wunderzeichen (Tiere sprechen, Throne von Königen stürzen usw.). Himmelsstimme in jedem Monat der Schwangerschaft verkündet Anbruch der Heilszeit. Die Mutter des Stifters wird idealisiert.
Geburt: Mt 1, 18–24; Lk 2, 1–7	Sie wird begleitet von Wunderzeichen (Erdbeben, Donner, Musik im Himmel und auf Erden); schlechte menschliche Neigungen und Handlungen, Krankheit, Hunger usw. hören auf. Heilungswunder: Blinde sehen, Taube hören, Arme werden reich usw.	Engel verkünden die Geburt und erscheinen auf der Erde. Muhammads Mutter Amina sieht eine Lichterscheinung.
Wundersame Ereignisse in Kindheit und Jugend: Lk 2, 8–14	Der Seher Asita begrüßt freudig das Buddhakind und prophezeit dessen zukünftige Größe. Er selbst weiß, daß er das erlösende Wirken des Heilbringers nicht mehr erleben wird. Kindheits- und Jugendgeschichten berichten von wunderbaren Taten.	Engel reinigen das Herz des Propheten. Auf einer Handelsreise weissagt ein Fremder Muhammads zukünftige Größe. Zwei Engel beschatten den Propheten.
Berufung/„Erwachung": Joh 1, 29–34	Götter erscheinen nach der „heiligen Nacht" der „Erwachung" des Meisters und sind unschlüssig über die Bewertung von Buddhas Erkenntnis. Buddha soll erst Zeichen seiner Vollmacht erbringen. Gott Brahma Sahampati überredet Buddha zur Verkündigung der Lehre (Dhamma).	Visionen, Auditionen; Erzengel Gabriel erscheint und vermittelt die erste Offenbarung. Herabsendung des Korans in der „heiligen Nacht der Bevollmächtigung". Als Beweis für den göttlichen Ursprung des Korans gilt die Aussage, daß Muhammad weder lesen noch schreiben konnte.

Jesus	Buddha	Muhammad
Versuchung: Lk 4, 1–13 Mt 4, 1–11 Mk 1, 12–13	Während der Zeit seiner asketischen Selbstpeinigung erfolgt die Versuchung durch den buddhistischen Teufel Mara, der Siddharta zum Genuß des Lebens zurückführen will.	—
Wunder zahlreiche neutestamentliche Belege	Der Stifter verhält sich zurückhaltend. Ungläubige würden Wunder nur auf ein geheimes Zauberwissen zurückführen und keinesfalls zum Glauben an die Lehre veranlaßt werden. Trotzdem *Berichte* von einzelnen Wundertaten.	Muhammad kann zwar mit Gottes Hilfe und Erlaubnis Wunder wirken, doch betrachtet er es nicht als seine vornehmste Aufgabe, den Wunderglauben der breiten Masse zu befriedigen. Koran = einziges Wunder! Gelegentlich Erwähnung von Heilungs-, Wasserwundern usw.
Tod: Mt 27, 45–50 Mk 15, 33–37 Joh 19, 25–30	Der Tod wird begleitet von Erdbeben, Donner, Gottesstimme.	—
Auferstehung: 1. Kor 15, 4 Mk 16, 1–8 Mt 28, 1–8 Lk 24, 1–11 Joh 20, 1–2	—	—
Himmelfahrt: Mk 16, 19 Lk 24, 51	—	In verschiedenen Himmeln begegnet Muhammad vielen religiösen Persönlichkeiten der Vorzeit (Jesus, Johannes, Mose usw.). Er erreicht dabei eine Reduzierung der Pflichtgebete der Gläubigen von 50 auf fünf täglich, damit die Religion „leicht“ sei. Im Unterschied zu Christi Auferstehung/Himmelfahrt ist dies ein Ereignis zu Lebzeiten des Propheten. Es findet nicht nach dem Tode statt.

39 Wie in der Tabelle 38 deutlich wird, gibt es bestimmte typische Begleitumstände für die Geburt, das Leben und den Tod von Religionsstiftern. Der folgende Text zeigt Möglichkeiten und Grenzen eines religiösen Vergleichs. Muslime betonen oft, daß Muhammad Analphabet war, um zu verdeutlichen, daß der Prophet nur Sprachrohr, nicht aber Erfinder der göttlichen Botschaft war. Das Glaubensbekenntnis hebt die Jungfräulichkeit Marias hervor, um den wunderbaren Charakter der Geburt Christi aufzuzeigen. Dies weist auf den unterschiedlichen Glaubensmittelpunkt in beiden Religionen hin: ein *Buch* im Islam und eine *Person* im Christentum. Beide Religionen haben dasselbe Anliegen, d. h. den unbefleckten Charakter des Übermittlers der göttlichen Offenbarung sicherzustellen. Ferner betont Nasr Gemeinsamkeiten im Offenbarungsbegriff. Die Idee, daß sich das Wort Gottes entweder in fleischlicher Form (Christus) oder als Buch (Koran) manifestiert, sind für ihn nur verschiedene äußere Erscheinungsformen ähnlicher religiöser Grundanschauungen:

Diskussionsanstoß:
Das „Instrument" der Übermittlung der göttlichen Botschaft ist im Christentum die Jungfrau Maria; im Islam ist es die Seele des Propheten. Der Prophet muß aus demselben Grund des Lesens und Schreibens unkundig sein, wie Maria Jungfrau sein muß. Die menschliche Übermittlung einer göttlichen Botschaft muß rein und unbefleckt sein. Man kann logischerweise nicht im selben Atemzug das Analphabetentum des Propheten zurückweisen und die Jungfräulichkeit Marias verteidigen … Beide symbolisieren einen grundlegenden Aspekt des Offenbarungsgeheimnisses, und einmal verstanden, kann nicht das eine abgelehnt und das andere verfochten werden.

2.3 Ich glaube an Jesus Christus

Das Zentrum der einzelnen *gestifteten* Religionen soll in den folgenden „Kurzformeln des Glaubens" und den dazugehörigen Zentralsymbolen zur Sprache gebracht werden. Dabei wird deutlich, daß das Christentum eine *Person* als Glaubensmittelpunkt hat, während die anderen, hier vorgestellten Religionen eine *Sache* (Buch, Lehre) ins Zentrum stellen.

40 Das Christentum kann letztlich nur dadurch relevant sein und werden, daß es, wie immer in Theorie und Praxis, die *Erinnerung an Jesus* als *den letztlich Maßgebenden* aktiviert: an Jesus den Christus und nicht nur einen der ‚maßgebenden Menschen'.

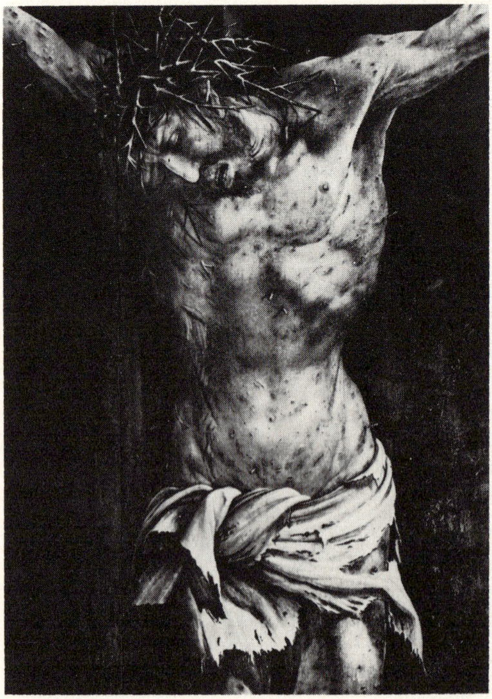

41 Das Judentum hat niemals den *einen* Lehrer gekannt, nur die Kette der Lehrer, den Strom der Tradition. Es hat sich stets dagegen gesträubt, einen einzigen Menschen in den Mittelpunkt zu stellen. Diese

Scheu geht übrigens schon in der Bibel soweit, daß man absichtlich das Grab des Mose verschwieg, um es nicht zur Stätte der Verehrung werden zu lassen.

42 Die heilige Dreiheit, zu der die Buddhisten ihre Zuflucht nehmen, ist *Buddha, Dhamma, Sangha.* Der Buddha ist aber kein Gott und auch kein Gottgesandter, der uns durch seinen Verdienst stellvertretend von „Sünde“ und „Sündenschuld“ erlösen könnte, sondern der Buddha ist der weise allgütige Lehrer, das leuchtende Vorbild, der alles verstehende, tiefsehende Ratgeber, der der leidenden Menschheit den Pfad zur wirklichen Befreiung, zum unzerstörbaren Glück gewiesen hat.
Der Dhamma ist die vom Buddha verkündete Wahrheit, die Lehre von der Wirklichkeit, und der Sangha ist die Gemeinde der Bekenner des

Buddha, die mit besonderem Ernst, bis zur letzten Konsequenz die Lehre des Meisters in ihrem Leben verwirklichen ...

43 Ich bin noch nie einem Europäer begegnet, der die Bedeutung des Korans versteht. Er ist kein Buch im gewöhnlichen Sinn und weder mit der Bibel noch dem AT zu vergleichen. Er ist Ausdruck des göttlichen Willens. Wenn man ihn mit einem Äquivalent im Christentum vergleichen will,

muß man ihn mit Christus vergleichen; denn Christus war Ausdruck des Göttlichen unter den Menschen und Offenbarung des göttlichen Willens. Sucht man hingegen einen Vergleich zur Rolle Muhammads, wäre es besser, ihn mit Maria zu vergleichen; denn Muhammad war wie sie Vermittler des Göttlichen.

2.4 ... und Gott wurde Mensch (Inkarnation)

44

weihnacht

damals

als gott
im schrei der geburt
die gottesbilder zerschlug

und

zwischen marias schenkeln
runzlig und rot
das kind lag

45

„Indische Weihnacht“
Gopalji rüstete für das Fest der Geburt seines Herrn und Gottes: Es war der siebte Krischnapakscha des Monats Schravana im Jahre zweitausendeinundzwanzig Vikram ... Dieses Fest blieb der Höhepunkt im Ablauf des Jahres; seit er hierher gekommen war in die Stadt, in der vor vielen tausend Jahren sein Gott und Herr als Mensch geboren wurde, gehörte all seine Liebe Ihm und dem Andenken an Seine glorreiche Geburt. ...
„Wie schön der Herr ist“, kam es Gopalji in den Sinn, als er die kleine metallene Figur des göttlichen Kindes wusch und bekleidete. Mit großer Liebe legte er ihm die festliche Robe aus gelber Seide um. Die kunstvolle silberne Wiege polierte er mit feuchter Erde und weichen Tüchern. Dann legte er das Kind auf seidene Kissen. Er steckte die Weihrauchstäbchen in den Halter und ordnete die vielen kleinen Schüsselchen und Geräte, die für die Puja, den Gottesdienst, nötig sind. ...
Es war fast Mitternacht. Gopalji nahm das heilige Buch zur Hand, aus dem er täglich las und in dem er alle Weisheit und Frömmigkeit, Philosophie und Lebensregeln fand. „Als nun die Gnadenstunde gekommen war, die glückbringende Zeit mit günstigen Sternen, da klärten die Himmel sich auf, das Firmament strahlte, erleuchtete von zahlreichen Sternen: Die ganze Erde, die Städte und die Dörfer im Festschmuck, die Flüsse voll vom klaren Wasser, die Lotosblumen in den Teichen in prangender Schönheit, die Bäume des Waldes in Blüten, überall der süße Sang der Vögel und das Summen der Bienen. ... Als der ungeborene Herr geboren ward, da dröhnten Pauken im Himmel, die himmlischen Chöre sangen und spielten, die Elfen und Nymphen tanzten frohlokkend. In freudigem Schauer taumelten die himmlischen Blütenblätter herab, die Wolken rollten leise wie die Wellen des Meeres. Als es Mitternacht ward, in undurchdringlicher Dunkelheit, da offenbarte sich der in allen Herzen wohnende Herr in seiner vollen Natur durch Devaki, die einer Himmlischen glich – wie der Vollmond am östlichen Himmel. – Das Kind erleuchtete mit seinem Glanz den Raum – so war Vasudeva, der (Pflege-)Vater Krishnas, gewiß, daß es der Herr Vishnu selbst war – und er schickte sich an, ihn mit reinem Sinn und gefalteten Händen tiefgebeugt zu preisen: ‚Du, Herr, hast Dich mir sinnenhaft gzeigt, der Du der Höchste bist, jenseits alles Stofflichen, voll Seligkeit und einzig, Alleserkenner. Obwohl in den Dingen, kannst Du doch nicht mit ihnen erkannt werden. In Dir ist kein Innen und kein Außen. Du bist in allem, und alles ist in Dir. In Dir ist Anfang, Bestand und Ende dieser Schöpfung. In der Absicht, diese Welt zu beschützen, o Herr und Herrscher aller, stiegst Du herab in mein Haus.‘“
Mit vor Rührung bebender Stimme hatte Gopalji so weit gelesen – nun brach er in Schluchzen und Weinen aus, in der Freude über die Geburt des Herrn.

→ Lk 2, 1–20

Die in den Texten 44, 45 geschilderten Ereignisse werden mit Hilfe des Begriffes „Inkarnation" zusammengefaßt. Am folgenden Text wird verdeutlicht, welche Vielfalt damit gemeint ist.

Inkarnation

46 (lateinisch: *Eingehen in das Fleisch*), der theologische Ausdruck für die Menschwerdung Gottes; die Vorstellungen von Menschwerdungen finden sich bereits in den naturvölkischen Religionen, wo Heilbringer, Heroen, Helden oder Priester als Inkarnationen Gottes aufgefaßt werden. Der *Hinduismus* lehrt, daß verschiedene Wesen oder Götter Inkarnationen des Gottes Vishnus sind (Sanskrit: Avataras = Herabgestiegene). Auch im Buddhismus, vornehmlich im nördlichen *Buddhismus* (Mahayana) und im Lamaismus, werden bestimmte Persönlichkeiten als Inkarnationen Buddhas oder Bodhisattvas aufgefaßt. Im Hellenismus lehrte man die Inkarnation von göttlichen Wesen in leiblichen Erscheinungen. Die Menschwerdung Gottes ist das Zentraldogma des *Christentums* (Joh 1, 14): Gott ist Mensch geworden in Christus ...

Diese Lexikonaussage wirkt wie jede Lexikondefinition fachwissenschaftlich objektiv. Trotzdem ist es interessant, ihren Aussagewert im Kontext der Religionen zu überprüfen. Aus diesem Grund werden zunächst

- die wichtigsten Glaubenssätze über Jesus Christus knapp zusammengefaßt, sodann
- *exemplarisch* der hinduistische Avatara-Gedanke vorgeführt.

47 Was sind die wichtigsten Glaubenssätze über Jesus Christus?

Jesus wurde hingerichtet und nach römischem Brauch gekreuzigt; am dritten Tage hat ihn Gott der Vater von den Toten auferweckt und ihn zum Christus und Herrn gemacht (Apg 2, 36); Christus wurde durch den Heiligen Geist von der Jungfrau Maria geboren (Kindheitsgeschichte und frühe Glaubensbekenntnisse); nachdem er der äußersten Erniedrigung und dem Leiden unterworfen war, wurde er von Gott dem Vater erhöht, um mit ihm Richter aller Menschen und der Geschichte zu sein, als welcher er eines Tages der ganzen Welt erscheinen wird; er ist in der Geschichte gegenwärtig für und durch die Kirche in Sakrament, Wort und Geist; er, der Mensch war, wie wir es sind, die Sünde ausgenommen, ist von Wesen göttlich, Sohn des Vaters, das Wort, durch das Gott sich selbst in der Geschichte aussagt, das göttliche Licht, das in die Welt hineinscheint (Nizänisch-konstantinopolitanisches Glaubensbekenntnis); in ihm werden die Welt und alle Menschen aus Schuld und Verzweiflung errettet werden. Das ist der Glaube der Christen.

48 Innerhalb des vielgestaltigen Hinduismus gibt es zwei monotheistische Religionen, die sich jeweils um den Gott Vishnu und Shiva gebildet haben. Wir beschränken uns hier auf die Vishnu-Religion, die größte Gruppe innerhalb des heutigen Hinduismus. Ihr Hauptdokument ist die Bhagavadgita („Der Gesang des Erhabenen"), das populärste Erbauungsbuch Indiens. Hier erscheint Gott Vishnu in seiner menschlichen Gestalt als Krishna, der den zaudernden Krieger Arjuna über dessen Kampfespflichten auch angesichts seiner Verwandten, Bekannten und Freunde im gegnerischen Heer belehrt. Die folgende Bhagavadgita-Stelle ist der klassische Beleg für den Inkarnationsgedanken:

Gar viele Geburten hab' ich schon durchlebt – du auch, o Arjuna! – ich weiß von ihnen allen noch, doch du weißt nichts davon, o Held!
Zwar ungeboren, ewig auch und aller Wesen Herr bin ich,
Und doch entsteh' ich oftmals neu durch meines Wesens Wunderkraft.
Denn immer, wenn die Frömmigkeit hinschwinden will, o Bharata, Ruchlosigkeit ihr Haupt erhebt, dann schaffe ich mich selber

neu. Zum Schutz der guten Menschen hier und zu der Bösen Untergang,
Die Frömmigkeit zu fest'gen neu, entsteh' in jedem Alter ich.

Zusatzinformationen:

49 Krishna ist nicht der einzige Avatar. Weitere *Herabstiege* Vishnus sind neben Tierverkörperungen der Held Rama und ein zehnter, noch nicht erschienener und für die Zukunft erwarteter Heilbringer mit Namen Kalkin. Dieser kündigt ein neues und besseres Zeitalter an. Der Glaube an einen kommenden Erlöser ist in Indien alten Ursprungs.
In der Vishnu-Literatur wird Krishna häufig als Liebhaber dargestellt, dessen Amouren mit den Hirtenmädchen bis heute in Indien kultisch vergegenwärtigt werden. Die Liebesspiele zwischen der die menschliche Seele symbolisierenden Radha und Krishna sind Thema einer beträchtlichen Anzahl religiös-erotischer Gedichte.
Zu den Hauptmerkmalen der menschlichen Avataras gehört die *reale* Fleischwerdung Gottes durch menschliche Eltern. Der persönliche Gnadengott Vishnu hüllt sich in verschiedene menschliche Erscheinungen, *ohne aber aufzuhören, Gott zu sein.* Ein moderner Hindu-Philosoph vergleicht ihn mit einem Schauspieler, der verschiedene Rollen spielt. Trotz der zahlreichen Possen und Amouren Krishnas ist der vorherrschende Zug seines Charakters edel, moralisch und mitleidvoll. Alle Avataras sterben schließlich. Der Tod tritt immer ein, wenn das Böse auf der Welt vernichtet und die Gerechtigkeit gestärkt sind.

50 Zur Aktualisierung des Avataragedankens:
Gegenwärtig schwindet das Recht und wächst das Unrecht in Indien, eine Handvoll ausländischer Banditen ruiniert die Millionen Indiens durch Ausraubung seines Reichtums ... Vertraut fest auf Gottes Versprechen, ruft seine Gewalt an, und er wird unter euch herniedersteigen, um die Ungerechtigkeit zu vernichten ...

Jesus – ein Avatar?

Zwei Diskussionsanstöße:

51 Laßt uns deshalb Gott nicht nur in Jesus von Nazareth finden, sondern auch in allen Großen, die Ihm vorangegangen waren, in allen, die nach Ihm kamen, und in allen, die noch kommen werden. Unsere Anbetung ist unbegrenzt und frei. Sie alle sind Manifestationen desselben unendlichen Gottes ... Sie alle erleiden stellvertretend die Versöhnung für einen jeden von uns. Auch für alle, die noch kommen werden.

52 Kein anderer Glaube war derart auf ein datierbares Ereignis – „... gelitten unter Pontius Pilatus" – festgelegt. Keine andere Religion hat die Zeit derart eindeutig zum Ort der Erlösung, zum Raum der Entscheidung erklärt, in dem sich der Mensch zu bewähren hat ... Aber während nach abendländischen Vorstellungen dieser Moment, der Kairos, unwiderruflich vergangen ist, und wenn er nicht als die gnädig gewährte „gute Gelegenheit" erfaßt wurde, sich unversehens als Gericht, als Krisis erweist, geht für die religiösen Erfahrungen Asiens nichts verloren. Im Westen ist jedes Ereignis endgültig, im Osten nicht. Im Westen gewinnt es absolute Bedeutung, im Osten nur relative – entstanden, wie alles, was ist, in Abhängigkeit, die es zu durchschauen und aus der es sich zu lösen gilt. Im Abendland hat sich das Ewige verzeitlicht.

2.5 Jesus Christus – Mittler und Heiland

Assoziationen:

53 vermitteln, ausgleichend wirken, intervenieren, sich einschalten, fürbitten, Zwischenhändler, Dienstweg, Rangordnung, Mittel zum Zweck, Prügelknabe, Lückenbüßer, Funktionär, Delegierter, Sündenbock ...

Mittler:

54 In der Religionsgeschichte eine Gestalt, die zwischen der Gottheit und den Menschen steht und die irdische mit der jenseitigen Welt in Verbindung bringt. Diese Mittlerfunktion ist jedem Typus religiöser Autorität eigen. Von Gott ausgehend, betrifft sie vornehmlich Engel und Propheten; vom Menschen ausgehend, Heilige, Priester, Sakralherrscher. Für das Christentum ist Jesus Christus der erlösende Mittler (1 Tim 2,5; Hebr 8, 6).

Der Mittler in der Sicht von Christentum, Islam und Judentum

55 ... Dieser immerwährende Einziggeborene des immerwährenden Vaters ist vom Heiligen Geist und der Jungfrau Maria geboren worden. Diese zeitliche Geburt hat der göttlichen und immerwährenden Geburt nichts genommen, aber auch nichts hinzugefügt. Ihr alleiniger Zweck war die Erlösung des überlisteten Menschen. Er wollte den Tod besiegen und den Teufel, der die Herrschaft über den Tod hatte, mit seiner Kraft vernichten. Denn wir hätten den Urheber der Sünde und des Todes nicht überwinden können, wenn nicht er, den weder die Sünde beflecken noch der Tod festhalten konnte, unsere Natur angenommen und zu der seinigen gemacht hätte.

56 Obschon der Gedanke, daß Christus mit seinem Blut die Sünden seiner Brüder, der Menschen, sühnte, zweifellos sehr schön ist; und obgleich das, was darüber geschrieben wurde, auf seine dichterischen, philosophischen und ethischen Gesichtspunkte hin untersucht werden sollte, so macht doch der Grundsatz, den der Islam vertritt, daß keiner die Last eines anderen trägt (Sure VI, 164) und daß jedem Menschen am Tag der Auferstehung seinen Taten entsprechend vergolten wird – Gutes mit Gutem, Schlechtes mit Schlechtem – die logische Annäherung zwischen beiden Religionen unmöglich. Die Logik des Islam urteilt präzise, insofern sie nicht versucht, den klaren Widerspruch zwischen dem Gedanken des Selbstopfers [Christi] und dem Gedanken der persönlichen Buße (Strafe) einzuebnen.

57 Selbst wenn wir den Gedanken des Mittlers in voller Schärfe begrenzen, betonend, daß der Mittler das Gebet nur weiterzuleiten habe, eine Zwischeninstanz zwischen dem Geschöpf und dem Schöpfer darstellt, die gleichsam faßbare Seite des Unfaßbaren, so ergibt sich doch ... daraus eine anbetende Haltung gegenüber dem Mittler. Der Katholizismus ging noch um zwei Schritte weiter: er ruft die Vermittlung der Maria bei ihrem Sohne an, der seinerseits das Gebet bis zum Vater trägt. Weiterhin aber wird in katholischen Liturgien die Vermittlung einer außerordentlich großen Anzahl von Heiligen, Männern und Frauen aller Jahrhunderte, angerufen, wobei der Schritt von solcher Anrufung bis zur Anbetung immer wieder naheliegend ist ...

Das Judentum bleibt hier in nüchterner Bezogenheit auf Gott allein ganz kompromißlos.

Trotzdem ist es nur eine Halbwahrheit, wenn man das Judentum als mittlerlose Religion bezeichnet. Die Propheten sind zweifellos Mittler zwischen Gott und Israel. Der Begriff Prophet muß weit gefaßt werden, von Abraham über Mose und Samuel bis zu den Schriftpropheten der hebräischen Bibel. Aber auch die Rabbinen

empfinden sich noch gewissermaßen als Mittler, indem auch ihre Bestimmungen der sogenannten mündlichen Torah, also der Tradition, als göttlich inspiriert gelten.
Es gibt aber keine ausschließlichen Mittler, keinen permanenten Mittler zwischen Gott und den Menschen.

Der Gedanke eines Heilands läßt sich in manchen Zügen mit der buddhistischen Bodhisattva-Idee vergleichen. Dennoch bestehen deutliche Unterschiede.

58 Das unendliche Mitfühlen eines Bodhisattva
Ein Bodhisattva nimmt sich vor: Ich nehme die Last allen Leidens auf mich, dazu bin ich entschlossen, und ich will es alles ertragen. Ich kehre nicht um, noch laufe ich davon, ich zittere nicht, schrecke nicht zurück, noch fürchte ich mich, wende mich nicht ab, noch verzweifele ich. Und warum? Um jeden Preis muß ich die Lasten aller Wesen tragen. Darin folge ich nicht meinen eigenen Neigungen. Ich habe doch das Gelübde getan, alle Wesen zu erlösen. Alle Wesen muß ich erretten, von den Schrecken der Geburt, des Alterns, der Krankheit, des Todes und der Wiedergeburt, von allen Arten von sittlichen Vergehen, allen Leidenszuständen, dem ganzen Kreislauf von Geburt – und – Tod, dem Dschungel der falschen Ansichten, dem Verlust des heilsamen Dharmas, den die Unwissenheit begleitenden Umständen – von all diesen Schrecken muß ich alle Wesen erretten ... Meine Bestrebungen zielen nicht allein auf meine eigene Befreiung hin. Denn mit Hilfe des Bootes der Allwissenheit muß ich all diese Wesen aus dem Strome des Samsara retten, der so schwer zu überqueren ist, ich muß sie von dem großen Abgrunde wegziehen, ich muß sie von allem Unheil befreien, ich muß sie über den Strom des Samsara fahren.

Zusatzinformationen:

59 Die Bodhisattva-Idee ist von überragender Bedeutung für den Mahayana-Buddhismus. Der Begriff trat schon im Theravada-Schrifttum auf, wo er sich jedoch nur auf Gotama Buddha selbst in seinen vorherigen Geburten bis zum Erreichen der endgültigen „Erwachung" bezog. Auch die verschiedenen Buddha-Vorläufer, die in vorherigen Weltzeitaltern erscheinen, wurden so bezeichnet. Im Mahayana-Schrifttum nimmt einerseits die Zahl der Bodhisattvas zu. Darüber hinaus verschiebt sich das Heilsideal. Nicht mehr der „einsam wie ein Rhinozeros" den Pfad pilgernde Mönch steht im Zentrum, sondern der an die mitleidenden Menschen denkende Bodhisattva. Ein Bodhisattva ist ein Wesen (sattva), das sich entweder systematisch um Buddhaschaft (bodhi) bemüht bzw. diese schon erreicht hat, doch so lange auf den Eingang in das Nirvana verzichtet, bis *alle* Wesen erlöst sind.
Es gibt zwei Arten von Bodhisattvas: menschliche und transzendente. Zur ersten Kategorie zählen ganz normale Menschen, die ein Gelübde ablegen. Sie werden aufgrund ihrer allumfassenden Güte gegenüber dem Nächsten, die sich in konkreten Hilfeleistungen ausdrückt, erkennbar. Die transzendenten Bodhisattvas sind dagegen mit normalem Auge nicht wahrnehmbar, sondern spirituelle Wesen.

60 Die mitfühlende buddhistische Liebe
O Liebe, Liebe, große Liebe, unendliche, lebendige Liebe des Vollendeten, siege, erfülle uns ganz! „Gleichwie eine Mutter mit Einsatz ihres Lebens ihr einziges Kind schützt, so umfangt mit grenzenloser Liebe alles Lebendige." (*Der Buddha*)

Das Bild stellt das Prinzip der alles umfassenden Liebe dar, welche sich in allen Buddhas und Bodhisattvas, jetzt in Maitreya und Avalokiteshvara (191), offenbart.

⇨ 16–24, 78–81, 82–92, 191–194, 195–206.

2.6 Religionsstifter als Sozialreformer

61 In einem Augenblick des Aufbruchs der Völker der Dritten Welt zu nationaler Eigenständigkeit, der oft verbunden ist mit der Besinnung auf hervorragende Epochen der eigenen Geschichte bzw. einhergeht mit der Ablösung traditioneller Bevormundungsstrukturen, ist es wenig verwunderlich, daß beim Prozeß dieses Suchens und Auslotens einer selbständigen Identität Religion eine wichtige Rolle spielt. In den letzten Jahren gewinnt zunehmend eine Theologie an Bedeutung, die eine Orientierung an Jesus fordert, weil sie in seinem Leben Direktiven zu freiem verantwortlichem Handeln und zur Parteinahme für die Unterdrückten sieht. Auch der Islam und der Buddhismus betrachten ihre Stifter als Sozialreformer, die sich gegen Freiheitsbeschneidungen aller Art wandten und für die Unterprivilegierten Stellung bezogen. Manche Vertreter der Religionen gehen sogar so weit, Jesus, Muhammad und Buddha als frühe Sozialisten zu sehen, was nicht unbedingt den historischen Fakten gerecht wird, aber den Wunsch zeigt, heutige gesellschaftliche und religiöse Ziele aus der eigenen Tradition zu legitimieren. Dabei wird dann die Ambivalenz von Religion deutlich, von der S. Vierzig spricht:

Religion stabilisiert und beunruhigt zugleich die jeweilige Gesellschaft ...

Religion kann das Opium des Volkes sein (Vertröstung auf ein besseres Jenseits oder Rückzug in die Innerlichkeit), aber auch Protest gegen das Elend.

Religion kann die bestehenden Herrschaftsverhältnisse als gottgewollt sanktionieren; sie kann andererseits im Namen der Freiheit, der Gerechtigkeit und der Brüderlichkeit auf Veränderung der politischen Verhältnisse hinarbeiten.

62 Es ist ein durchgängiges Merkmal von Religionsstiftern, daß sie bestehende Gesellschaftsordnungen kritisieren und moralische Forderungen stellen:

Jesus Nach der Darstellung der Evangelien	Muhammad Nach der islamischen Tradition	Buddha Nach der Überlieferung
kritisierte er das Judentum seiner Zeit und lehnte blinden Gesetzesgehorsam ab. (Der Sabbat ist für den Menschen da.)	kritisierte er die religiöse und kommerzielle Ordnung der mekkanischen Gesellschaft. (Polytheismus; einseitiges Profitstreben).	kritisierte er die bestehende Kastenordnung des Brahmanismus. (Gerechte Gesinnung wichtiger als Askese und Opfer).
setzte er sich über gesellschaftliche Vorurteile hinweg und erklärte sich mit Dirnen, Zöllnern und anderen Unterprivilegierten solidarisch.	setzte er sich für die gerechte Behandlung von Frauen, Witwen und Waisen ein (z. B. keine Tötung von weiblichen Neugeborenen; Freilassen von Sklaven religiös verdienstvoll).	proklamierte er die Gleichheit aller Menschen.
erstrebte er in Brüderlichkeit verbundene Nachfolger.	erstrebte er eine religiöse und politische Gemeinschaft (Umma), die von Brüderlichkeit geprägt ist. (Vgl. 125, 126)	erstrebte er eine solidarische Gemeinschaft (Sangha), in der die Mitglieder in Einigkeit ihre Entscheidungen treffen und ihre Pflichten erfüllen. (Vgl. 128, 129)
verkündete er einen Gott der Liebe. (Vgl. 16)	verkündete er einen Gott der Gerechtigkeit, Barmherzigkeit und Liebe, der sich allen Menschen, selbst den Niedrigsten, zuwendet.	verwarf er die unreflektierte Unterwerfung unter eine autoritäre Lehrmeinung.

63 Es gibt Christen, Muslime und Buddhisten, die sich an Leben und Lehre ihrer Stifterpersönlichkeiten orientieren:

Christen	Muslime	Buddhisten
haben eine Theologie der Befreiung entwickelt.	berufen sich beim Widerstand gegen Fremdeinflüsse (Kolonialismus) auf ihre Stifterpersönlichkeit.	orientierten sich beim Kampf gegen den Kolonialismus am Vorbild Buddhas.
glauben, daß sich Ideen wie Menschenrechte, Demokratie und Emanzipation durch die christliche Botschaft legitimieren lassen.	sehen in ihrer Tradition Ansätze von Vorstellungen wie Demokratie, Menschenrechten und sozialer Verantwortung.	behaupten, daß manche für die gegenwärtige Gesellschaft notwendigen Reformen bereits im Ur-Buddhismus angelegt waren.

orientieren sich an Jesus, weil sie in ihm ein Vorbild sehen, frei, verantwortlich zu handeln und notwendige gesellschaftliche Veränderungen zu verwirklichen.	sehen sowohl in Muhammad als auch in Jesus Sozialreformer und wollen diesen Vorbildern in der Gegenwart nacheifern.	sehen in Buddha einen Sozialreformer und wollen seine Vorschriften in die heutige Gesellschaft übertragen.
glauben, daß das Reich Gottes durch menschliches Engagement in der Geschichte heraufgeführt wird.	entwickeln einen Sozialismus, der wertvolle Impulse aus dem Islam schöpfen soll.	interpretieren das NIRVANA zu einer idealen diesseitigen Gesellschaft um und beziehen Buddhas Lehre von der Überwindung des Leidens auf akute soziale Probleme.

Die befreiende Praxis Jesu

64 Jesus gibt nicht neue Moralvorschriften sondern realisiert Verhaltens- und Handlungsweisen, in denen sich eine neue Freiheit Ausdruck verschafft und anderen Freiheit ermöglicht.

In der Umgebung Jesu gibt es die vielfältigsten Formen von gewaltsamer Herrschaft und Unterdrückung ... Jesus macht sich mit diesen herabgewürdigten Menschen gemein. Er ergreift ganz offen, freimütig und eindeutig Partei für die Unterdrückten. Er stellt sich auf ihre Seite und laviert nicht zwischen den Fronten. Allen Konventionen und Tabus zum Trotz lebt er mit ihnen und wird ihr Freund. Die Sache der Deklassierten und Isolierten, der Entwürdigten und Entrechteten macht er zu seiner ureigenen Sache. Er ist mit ihnen solidarisch, so sehr, daß er dabei selbst zu einem Verachteten und Verfemten, zu einem Ausgestoßenen und Verlorenen wird. ...

Wenn Revolution das ist, was *nach* dem Dialog, nach der Argumentation, nach dem Widerstand und nach dem beharrlichen Drängen kommt, wenn sie alles in neuen Zwang, in neue Unterdrückung und Gewalttat umkehrt, dann kann dieser Galiläer kein Revolutionär genannt werden ... Was Jesus in die Wege leitet, ist ‚am ehesten als Sammlungsbewegung zu umschreiben'. Er holt sie alle zusammen, sie gehen miteinander um und beginnen einander zu akzeptieren. Es gibt Schwierigkeiten, Rivalitäten, Mißverständnisse, – sie verstehen des öfteren nicht so recht, worum es ihm geht. Dennoch wird hier vorurteilsloses und zwangsfreies Miteinander eingeübt und ein Stück weit realisiert ... Wissend, daß Haß und Gewalt nur neuen Haß und neue Gewalt fortzeugen, geht Jesus den Weg der Gewaltlosigkeit. Das zeigt sich bis in seinen Gesprächs- und Diskussionsstil hinein ... Jesus kann ein Gleichnis erzählen, dem anderen ein Licht aufstecken und ihn damit freigeben in den Raum seiner eigenen Freiheit ... Die neue, befreiende Praxis Jesu beinhaltet somit das Initiativ- und Aktivwerden zugunsten des anderen.

Muhammad als Prophet der sozialen Gerechtigkeit

65 Muhammad – Gott spreche Heil und Segen über ihn – schuf eine solide Grundlage für die Idee der sozialen Gerechtigkeit. Er betonte, daß das religiöse Gesetz (Scharia) es weder zuläßt noch anerkennt, daß der Mensch seinen Bruder, den Menschen, ausbeutet, und bekräftigte, daß der Islam eine Religion ist, die fordert, daß jedem das ihm zustehende Recht gewährt wird:

– das Recht des Menschen, frei ohne jede Fessel zu leben;
– das Recht, seinen ursprünglichen Zustand zu bewahren und nicht zum Opfer des Ausbeuters zu werden;

- das Recht, Tyrannei zu verwerfen, zu bekämpfen und sich gegen sie zur Wehr zu setzen.

Muhammad (...) hinterließ den Muslimen Vorbilder und Beispiele, die er in seinem Leben vorgelebt hatte, und Lehren, die ihm geoffenbart worden waren. Wenn immer die Muslime wirklich daran festhalten, begehren sie auf und werden zu Vorkämpfern gegen Unterdrückung und Ausbeutung in allen Teilen der Welt. Sie stellen sich dann ganz auf die Seite der Verfolgten und Unterprivilegierten und derer, die ihre gerechte Sache verteidigen.

Die Lehren Muhammads (...) nehmen Partei für Recht und Gerechtigkeit. Sie stehen auf der Seite der Revolutionäre und all derer, die mit ihnen solidarisch sind. Sie lehnen ideologische und politische Willkür ab, sind gegen die Konzentrierung des Besitzes, gegen Monopole und die Ausbeutung des Menschen durch seinen Bruder, den Menschen. Die Gesellschaft, die Muhammad (...) verkündigte, ist eine Gesellschaft der gegenseitigen Bürgschaft und Solidarität, in der Brüderlichkeit herrscht, in der die Arbeit gelobt und als Ursprung aller Werte betrachtet wird und in der der Herrscher verpflichtet ist, das Interesse und die Rechte der Allgemeinheit zu verteidigen.

Die Revolte des Buddha

66 Das wesentliche Ziel des Buddha bestand darin, die Sorgen der Menschheit zu lindern, wenn nicht gar, sie zu beseitigen. Seine ganze Arbeit und seine Lehren kreisten um die tugendhafte Praxis. Buddha war deswegen zu allererst der größte der Humanisten, der erste, der die wahre Ursache des menschlichen Leidens ausgelotet hat, und der erste, der eine Therapie zu seiner Linderung anbot. Seine Lehre war also im wesentlichen ethischer Natur ... Die große Reformbewegung des Buddha in Indien hatte eine endgültige Lossagung von der brahmanischen Kirchentradition zur Folge, die seit vielen Jahrhunderten vor der Geburt des Meisters eine Gesellschaftsform aufgebaut hatte, die auf dem Glauben an die Heiligkeit der Kaste als göttlicher Institution beruhte ... Der Buddha ... war der erste, der gegen die Tyrannei der Brahmanen revoltierte. Er leugnete, daß die Götter im Himmel mit blutigen Opfern versöhnlich gestimmt werden könnten. Er leugnete, daß die Brahmanen die Schlüssel zum Himmel besäßen ... Alle Menschen waren für ihn gleich ... Die Revolte des Buddha war so allumfassend wie sie umstürzlerisch für die religiöse und soziale Ordnung jener Zeit war. Das Hauptmerkmal seiner Lehre war der Dienst am Menschen; verglichen damit hielt er alles andere für zweitrangig ... Der Buddha war ein viel größerer Häretiker und Rebell – vom Standpunkt des Brahmanismus oder des orthodoxen Hinduismus – als Christus in Hinsicht auf das Judentum.

→ 8, 9, 97–109.

2.7 Inkarnation zu Tod und Auferstehung

67 Jesus hat uns durch seinen Tod erlöst.

Für die Menschen sah es so aus, als habe Jesu Leben mit einem totalen Mißerfolg geendet. Tatsächlich aber ist hier etwas für die ganze Welt Entscheidendes geschehen. Durch seinen Tod hindurch ist uns Jesus vorausgegangen in die Herrlichkeit Gottes. Wir sollen ihm folgen und mit ihm ewig beim Vater leben. Sein Tod ist das Tor zum Leben.

Durch seinen Gehorsam und seine Liebe hat Jesus die Sünde der Welt und auch unsere Sünden überwunden: Sein Gehorsam und seine Liebe wiegen mehr als alle Sünden. So hat er uns von der Herrschaft der Sünde befreit. Er hat die Macht des Bösen gebrochen. Er hat uns erlöst vom Tod und uns das Heil gebracht. Wer an ihn glaubt, wird mit ihm siegen ...

Jesus Christus – das Lamm Gottes
In der Heiligen Schrift lesen wir, daß die Israeliten im Alten Bund Gott Opfer darbrachten. ... Durch ihre Opfer wollten sie sichtbar den Bund bekräftigen, den Gott mit seinem Volk geschlossen hatte.
Im Neuen Bund haben alle diese Opfer ein Ende in Jesus Christus. Am Kreuz hat er sich für die Seinen, für sein Volk und für alle Menschen hingegeben.

Jesus Christus ist der Retter der Lebenden und Toten

Der Menschensohn mußte den Tod der Menschen sterben. Jesus ist gestorben und wurde begraben. Doch ist er nicht im Tod geblieben. Durch seinen Tod hat er für alle das Anrecht auf ewiges Leben erworben, er hat alle erlöst: die Lebenden und die Toten.

Bedeutung:

68 Das Wort vom Kreuz will nicht nur als Lehre akzeptiert oder als Theorie bejaht werden, sondern als Gottes freisprechendes Urteil erwartet es Glauben, d. h. vertrauende Annahme der von Gott geschenkten Versöhnung. Dem im Wort vom Kreuz zu uns redenden Gott glauben, heißt: Gott darin recht geben, daß wir als Sünder allein von Gott gerechtfertigt werden.

69 Er starb den Tod
Er starb ihn qualvoll.
Er starb ihn wirklich.
Er starb ihn durch und durch.
Er starb ihn als Jesus von Nazareth.
Da war kein Wort.
Da war keine Bewegung.
Da war kein Gedanke.
Da war kein Augenaufschlag.
Da war kein Funke Leben mehr.
Jesus aber blieb nicht am Kreuz.
Jesus blieb nicht im Grab.
Jesus blieb nicht im Tod.
Jesus wurde
der auferstandene Christus.

Wir werden leben,
überleben,
das Sterben überleben,
unter dem Sterben
weiterleben:
Leben ist Auferstehen,
Auferstehen im Geist,
Geist vom Geiste Jesu.
Unser Bruder,
unsere Auferstehung,
schenk uns deinen Geist.

70

71

Buddhas Abschiedsworte

72 Dann richtete der Erhabene [Buddha] an den ehrwürdigen Ananda [= Lieblingsjünger] die Worte: „Ananda, es könnte euch vielleicht der Gedanke kommen: ‚Der Lehrer, (der uns) das Wort (verkündete) ist dahingegangen, wir (können uns nun auf) keinen Lehrer mehr (berufen).‘ Aber so dürft ihr die Sache nicht ansehen, Ananda. Die Lehre und die Regel, die ich euch gepredigt und vorgezeichnet habe, die sind eure Lehrer nach meinem Ende."

„Diejenigen, Ananda, welche entweder jetzt oder nach meinem Hingang stets sich selbst als ihre rettende Insel, sich selbst als ihre Zuflucht und keine andere Zuflucht haben werden. ... werden zuerst das Unsterbliche [Nirvana] erlangen."

⇨ *Apg 2, 14–41*

73 Daß Christus aufrecht am Kreuz starb, während Buddha liegend verschied – symbolisiert das nicht den fundamentalen Unterschied in mehr als einer Hinsicht zwischen Buddhismus und Christentum? „Aufrecht" bedeutet Aktion, Streitbarkeit, Ausschließlichkeit, indes „waagrecht" Frieden, Duldsamkeit und Weitherzigkeit meint. In seiner Aktivität hat das Christentum etwas, das aufreizt, erregt und beunruhigt. In seiner Streitbarkeit und Ausschließlichkeit neigt es dazu, eine selbstherrliche und manchmal herrische Gewalt über andere auszuüben – trotz des erklärten Zieles der Christenheit: von Demokratie und allgemeiner Verbrüderung.
In dieser Hinsicht erweist der Buddhismus sich als das gerade Gegenteil des Christentums. Die horizontale Lage des Nirvana-Buddha mag manchmal den Eindruck von Indolenz, Indifferenz und Tatenlosigkeit erwecken, obwohl der Buddhismus in Wirklichkeit die Religion der Tapferkeit und einer unendlichen Geduld ist – eine Religion des Friedens, der Heiterkeit, des Gleichmuts und des Gleichgewichts.

⇨ 25–32, 110–118.

3 Mensch

3.1 Einleitung

74 In diesem Kapitel sollen wichtige Wesensmerkmale des christlich gedeuteten Menschenbildes aufgezeigt und in den nichtchristlichen Kontext gestellt werden.

Der erste Abschnitt geht dem Problem der Gottebenbildlichkeit des Menschen nach, wie sie unter anderem vom Judentum, Christentum und Islam – in jeweils verschiedener Akzentuierung – gelehrt wird. Grundtenor ist in diesen Religionen die Aussage, daß der Mensch als „Krone der Schöpfung" von der gesamten nichtmenschlichen Welt grundsätzlich verschieden ist (75–77). Exemplarisch soll im Kontrast dazu anhand zweier buddhistischer Beispiele eine vollkommen andere Weltsicht und Anthropologie vorgestellt werden. Mit dem Buddhismus kommt hier eine Religion zu Wort, die die absolute Sonderstellung des Menschen gegenüber allen übrigen Wesen ablehnt (78, 79).

Im Anschluß daran soll verdeutlicht werden, daß Sünde – verstanden als existenzielle „Unheilssituation" bzw. Isolierung vom Heiligen (*G. Mensching*) – eine fundamentale Struktur religiöser Erfahrung darstellt (84). Während im Judentum, Christentum und Islam Sünde als das Sichabwenden des Menschen von Gott und Sichverlassen auf die eigenen Kräfte verstanden wird (82, 83, 86, 87), sehen asiatische Traditionen (85) das wesentliche Heilshindernis in der körperhaften Existenz des einzelnen, dessen auf das Ich bezogenen Wünsche ihn an der Einheit mit dem Absoluten hindern. Ferner kann Sünde im Sinne von Tatsünden verstanden werden – also als normwidrige Handlungen im religiösen und gesellschaftlichen Sinn (88, 89).

P. Tillichs Interpretation (83) von Sünde als Entfremdung hat sich weit von der biologistischen Lehre der Erbschuld entfernt, wie sie dagegen noch Text 82 vertritt. Vielleicht ermöglicht gerade die Offenheit dieses Sündenbegriffs einen besseren Dialog mit den nichtchristlichen Religionen. Nur solche Religionen, die von dieser oben genannten, vor allen individuellen Taten des Menschen liegenden Erfahrung der unheilvollen Entfremdung als grundsätzlicher Existenzweise ausgehen, können ***Erlösungsreligionen*** genannt werden; denn nur in ihnen geht es wesentlich um Erlösung aus vorgefundenem Unheil. Erlösung kann

- alleiniges Werk Gottes (reine Gnade)
- alleiniges Werk des Menschen (religionsgeschichtlich selten anzutreffen)
- Gott und Mensch zusammenbindendes Tun (Synergismus)

sein.

Gnade ist eine wichtige Kategorie im christlichen Denken (93). Die Idee der Gnade ist aber nicht nur auf unsere eigene Religion beschränkt. Die allgemeine Religionsgeschichte kennt mindestens zwei herausragende Beispiele für Gnadenreligionen; z. B. jene südindischen monotheistischen Bewegungen, die zwischen den Lehren des sog. „Affenweges" und „Katzenweges" unterscheiden. Denn in der Gefahr klammert sich das Affenjunge an die Mutter, wird also durch Mitwirkung gerettet, während die Katze ihr gefährdetes Junges ohne dessen Zutun in's Maul nimmt und rettet. Das zweite berühmte Beispiel einer Gnadenreligion, mit der für sie typischen immanenten Problematik (s. o.), stammt aus dem japanischen Amida-Buddhismus (94–96).

Eng verbunden mit dem Gottesbild und dem Schöpfungsauftrag des Menschen, wie ihn die drei prophetischen Religionen betonen, ist die Frage nach Freiheit und Determination. Bezeichnender-

weise postuliert keiner der Autoren (97–109) eine ausschließliche Determination des Menschen. Vielmehr lehren sie alle – wenn auch mit unterschiedlicher Begründung und Akzentuierung – die Freiheit des Menschen als verantwortlichen Akteur in der Geschichte.
Obschon der Tod die absolute Ohnmacht des Menschen verdeutlicht, sich durch seine eigenen Mittel zu retten (110, 111), kann Tod im Christentum nicht ohne Hoffnung auf eine Existenz nach dieser Welt gesehen werden. Diese tröstliche Zuversicht teilt das Christentum mit dem Judentum (112) und auch mit dem Islam. Ein Vergleich von typischen Begräbnisanzeigen (114–116) sowie eine Gegenüberstellung zweier Erfahrungsberichte im Angesicht des Todes vermag konvergierende und differente Züge in den Todes- und Hoffnungsvorstellungen von Judentum, Christentum und Islam anzudeuten (117, 118).
Eine ganz andere Erfahrung liegt im Buddhismus (113) vor. Der Tod wird hier zwar nicht als Auftakt zu einem jenseitigen Leben betrachtet, aber dennoch besteht Hoffnung auf eine Wiedergeburt in einem vielleicht besseren Diesseits bzw. das Eingehen in das Nirvana.

3.2 Der Mensch als Ebenbild Gottes und Krone der Schöpfung

75 Der Mensch ist als Bild Gott ähnlich und trägt ... Züge des göttlichen Wesens an sich. Er bleibt ferner von Gott als seinem Ursprung dauernd abhängig und verweist kraft seiner Existenz als Bild auf ihn als den Größeren und Überragenden, ohne den er weder sinnvoll existieren noch in seiner wahren Würde verstanden werden kann. Ähnlichkeit und Unähnlichkeit, die Herkunft von Gott und die Transzendenz seines Ursprungs gehören zum Wesen des Bildbegriffs und erscheinen am Bild als solchem, so daß die Beziehung mit dem Ursprung wahrgenommen werden kann, wie man den Künstler in seinem Werk wahrnimmt.
Die Gottebenbildlichkeit besteht darum in der wesenhaften und bleibenden Bezogenheit des Menschen auf Gott als Grund und Gestalt seines Seins. ... Der Mensch ist von Natur aus auf Gott hin gerichtet und kann nur mit Gott zusammen wahrer Mensch sein. ... Er ist von vornherein ein Gott verantwortliches und auf ihn hin geschaffenes Wesen, und auf Grund dieser seiner Gottebenbildlichkeit, die seine wahre Würde ausmacht, ist er von der gesamten untermenschlichen Welt grundsätzlich verschieden. ...
Die in der Gottebenbildlichkeit mitgesetzte Gottbezogenheit ist eine ... lebendige Kraft, die den Menschen nach seinem transzendenten Ursprung fragen und suchen läßt ... Der menschliche Geist greift über alle der Welt angehörenden Gegenstände hinaus und findet seine Erfüllung erst in der Vereinigung mit seinem göttlichen Urbild. Kraft seiner Gottebenbildlichkeit steht er wesensmäßig im Raum des Religiösen und kann nur in der Begegnung mit Gott sich selbst finden. Der Grundvollzug seines Wesens, in dem er über sich und sein Schicksal entscheidet und der auch seine ganze Weltansicht bestimmt, ist daher ein religiöser Akt.
... Der Mensch ist der einzige Ort in der sichtbaren Welt, an dem Gott als personaler Geist erkennbar wird, weil er in seinem Sosein und nicht nur in seinem Dasein auf Gott hinweist. Die relative Eigenständigkeit des gottebenbildlichen menschlichen Geistes ist die höchste, wenn auch immer verhüllte und inadäquate Form der natürlichen Offenbarung Gottes.

... Die Gottebenbildlichkeit betrifft die leib-seelische Ganzheit des Menschen. Sie umgreift den Leib in dem Maß, als auch in ihm die Würde der menschlichen Person sichtbar wird. Da der Leib nicht das Gefäß einer ihm im Grunde fremden Seele, sondern die Verleiblichung des Geistes und insofern spezifisch menschlicher Leib ist, den sich der Geist als Erscheinung seiner selbst formt, ist auch er in gewissem Sinn ‚nach dem Bild der Ähnlichkeit Gottes' geschaffen.

Der Mensch als Schattenseite Gottes

76 Ein anderes Bild des Menschen und zugleich Gottes, wie es auch aus der Bibel begründet wird, führt im Judentum zu einer anderen Sichtweise.
... Der Mensch ist *‚be-Zelem-Elohim'* im Ebenbilde Gottes geschaffen, das wird ausdrücklich in Gen 1, 27 nochmals unterstrichen: ‚Und Gott schuf den Menschen in seinem Ebenbilde, im Ebenbilde Gottes schuf er ihn (diese Wiederholung ist zu beachten!), männlich und weiblich schuf er sie.' ... man muß sich einmal überlegen, was es bedeutet, im Ebenbild des bildlosen Gottes erschaffen zu sein. Wenn wir den Anthropomorphismus so weit treiben würden, daß wir uns Gott als Urbild des Menschen, also in menschlicher Gestalt, vorstellten, wäre damit ein heilloser Bruch mit der biblischen Glaubenswelt vollzogen.
Im Ebenbild des Bildlosen – welch eine Paradoxie des Glaubens! ...
Aber ist *Zelem* denn wirklich Ebenbild? Das ist die Frage, die hier erörtert werden muß.
Nun ergibt sich die Möglichkeit, das Wort *Zelem* von Zel = Schatten abzuleiten. Der Schatten aber ist die dunkle Seite, die Nachtseite, so daß wir sagen können, der Mensch sei in der Nachtseite oder nach der Nachtseite Gottes hin erschaffen. Die Nachtseite des *Elohim* (= Gott) aber will ganz spezifische dämonische Erscheinungen Jahwes bezeichnen. So gesehen, müßten wir sagen, daß der Mensch nach der Nachtseite, der Schattenseite Gottes hin geschaffen ist, daß also das Dämonische im Menschen liegt, und das entspricht genau der pessimistischen Aussage: ‚Das Trachten des menschlichen Herzens ist böse von Jugend an' (Gen 8, 21).
Wenn die Ebenbildlichkeit des Menschen rein positiv aufzufassen wäre, stünde diese Aussage über den bösen Trieb des Menschen in unlösbarem Gegensatz zur Schöpfungskonzeption; interpretieren wir aber *Zelem* als Schatten- und Nachtseite, so wird uns die Charakterisierung des Menschen als von dämonischer Kraft beherrscht verständlich.

Der Mensch als Stellvertreter Gottes

77 Die Muslime sprechen im allgemeinen nicht von Gottebenbildlichkeit, da sie die Gefahr des Anthropomorphismus befürchten. Dennoch betrachtet der Islam den Menschen als „Krone der Schöpfung" und als „Stellvertreter Gottes", der auf Erden eine Vormachtstellung genießt.
Vorwiegend in der islamischen Mystik und in der Schia gab und gibt es Denker, die eine besondere Interpretation der Gottebenbildlichkeit vertreten. Sie wird hier unter dem Einfluß des Neuplatonismus dahingehend verstanden, daß die Seele des Menschen einen göttlichen Anteil besitzt. Kraft ihrer göttlichen Vernunft kann sie sich wieder zur göttlichen Einheit erheben und zu ihrem Ursprungsort zurückkehren. Den Gedanken einer Gottähnlichkeit liest man aus der Tradition „Gott schuf Adam nach seiner eigenen Gestalt" heraus:

Der *Mythos* von der Erschaffung Adams, wie er im Koran steht, läßt sich analysieren, und wir abstrahieren daraus drei Seinsweisen des Menschen. Das Wort Mythos sollte nicht als etwas Unwirkliches oder Phantastisches mißverstanden werden. Mit Mythos meinen wir hier eine bestimmte Wissensform und Ausdrucksweise.

Die *erste Seinsweise* betrifft die Verfassung Adams, bevor er sich dem verbotenen Baum genähert hatte. Sie weist drei Charakteristika auf: *Göttlichkeit, Wissen* und *Macht. Göttlichkeit* bezieht sich auf das Wesen des Menschen, der nach dem Wesen Gottes gemacht ist. „Und folge der Natur, die Allah geschaffen – die Natur, worin er die Menschheit erschuf" (Koran 30: 31). Als solcher wird der Mensch zum Gegenstand der Anbetung durch die Engel. „Darauf sagten wir zu den Engeln: ‚Fallt vor Adam nieder!' Und sie taten es" (Koran 2: 35). Das *Wissen* bezieht sich auf die Tatsache, daß Gott den Menschen nicht in der Dunkelheit ließ, sondern ihm zu erkennen gab, wer sein Schöpfer und Herr war. Ebenso wurde Adam im Blick auf die Welt der Schöpfung unterrichtet. „Daraufhin lehrte er Adam die Namen von allem Sein" (Koran 2: 32). *Macht* spiegelt die Herrschaft des Menschen über die Erde und die Himmel, seine Gewalt über Vogel und Tier, über Luft und Wasser. Dann sprach dein Herr zu den Engeln: ‚Ich will auf Erden einen Statthalter setzen' (Koran 2: 31). Der Mensch, geschaffen nach dem Wesen seines Herrn, mit Wissen begabt und mit Macht über die gesamte Welt ausgestattet, war eine edle und herrliche Schöpfung.

Mit der zweiten und dritten Seinsweise, die hier nicht erläutert wurden, meint Askari zwei Zustände des Menschen:

1. den Zustand, nachdem Adam im Paradies die verbotene Frucht gekostet und damit seine Nähe zu Gott verloren hat;
2. den Zustand, der mit der Vertreibung Adams aus dem Paradies beginnt. Jedoch hat ihm Gott in seiner Gnade bereits verziehen und schickt ihn nicht als ein in die Sünde verstricktes Wesen in die Welt, sondern als „Wesen in der Krise".

⇨ Gen 1, 27–31; 2, 18–20

Der Mensch als Teil der Natur

78 Der westliche Mensch wird in der Regel in der Auffassung erzogen, er sei von Gott als „Krone der Schöpfung" erschaffen worden, ihm sei die Welt gegeben, Tiere, Wald und Feld stünden zu seiner Verfügung, er könne damit schalten und walten, wie er es für gut und richtig halte. So sagt Martin Luther:

„Alle Meere und Wasser sind unsere Trinkkeller; alle Wälder und Hölzer sind unsere Jägerei ... Denn es ist alles um unser, der Menschen willen geschaffen." (Tischgespräche)

...

Der Hinblick auf den Kreislauf der Wesen zeigt deutlich, daß es keine Herrscher im Bereich des Lebens gibt. Alle Wesen sind durch ihre Taten das geworden, was sie sind, auch die höchsten Götter. Und es gibt kein Lebewesen – in dem uns zugänglichen Bereich vom winzigsten Käfer bis zum riesigen Elefanten oder in jenseitigen Bereichen vom niedrigsten Lebewesen bis zum höchsten –, das sich nicht auf dieser endlosen Wanderung befindet. Der Durst rast und wandelt sich dauernd, und je nach dem gewandelten Durst wird eine neue Daseinsform ergriffen. Es gibt nach dem Erwachten [Buddha] keine Lebensform, von der niedrigsten bis zur höchsten, in der nicht jeder Mensch schon ungezählte Male gelebt hätte. Was ihm auch an „Würdigem und Unwürdigem" begegnet – jede Mücke, jeder Wurm, jedes kleine, erbärmlichste Tier, alles dies ist auch er unendlich oft gewesen auf der langen Daseinswanderung, ebenso wie alle diese Wesen schon unendliche Male Mensch gewesen sind. Darum kommt es gar nicht darauf an, in welcher Gestalt man sich gerade vorfindet in diesem unendlichen Kreislauf. Wollte man die Wesen ausnützen, die jetzt gerade weniger Kraft haben als man selber, dann ist man sehr bald selbst wieder derjenige, den die anderen ausnützen. *„Tat tvam asi – das bist du"*, so zeigt der Buddha das richtige Verhältnis zu den lebenden Wesen.

Zur Besinnung:

79 *Auf dem Pfade*
Mein Bruder – der Spatz
auf dem Sommerzweig.
Die Spinne – meine Schwester
im grauen Kleid.
Wie könnt' ich zertreten
den langsamen Wurm,
absichtlich die Schnecke
mit kunstvollem Turm.
Gefährten sind wir
auf dem langen Weg,
der endlosen Strecke,
auf schwankendem Steg.
Wo ganz am Ende
nach stetem Bemühn
die Pfadvollender
nach Nibbanam ziehn.

80 Viele der führenden theologischen Richtungen haben sich mit dem Menschen und der Geschichte beschäftigt. Sie haben sich dabei auf die Frage der Erlösung des Menschen als ein isoliertes Individuum konzentriert, anstatt auch auf die Erlösung aller Dinge einzugehen.

81 Die alte „Untertanenideologie" vom Dienstcharakter aller Natur, wie sie wohl auch durch das „Macht euch die Erde untertan!" des Schöpfungsberichts in das abendländische Denken mit hineinlanciert worden ist, erfährt angesichts der sich abzeichnenden Umweltkatastrophe ihre Grenzen und muß neuen Wertvorstellungen weichen.

→ 14, 15, 58–60, 142–151.

3.3 Schuldverflechtungen

3.3.1 Erbschuld

Die Erbsündenlehre ist als ein theologischer Versuch anzusehen, eine Herkunftserklärung für die Tatsache abzugeben, daß die alltägliche Erfahrung des Menschseins nicht nur durch Glück, Liebe und Heil, sondern eben auch durch Leid, Unglück, Mißgunst und Unheil gekennzeichnet ist.

Christliches Spektrum

82 Das Konzil von Trient lehrt, daß Adam durch Übertretung des göttlichen Gebotes die Heiligkeit und Gerechtigkeit verlor. ... Es verwirft die Lehre, daß Adam die von Gott empfangene Heiligkeit und Gerechtigkeit bloß für sich allein, nicht auch für uns verloren habe und daß er nur den Tod und die körperlichen Leiden, nicht auch die Sündenschuld auf seine Nachkommen vererbt habe. Positiv lehrt es, daß die Sünde, welche der Tod der Seele ist, von Adam auf alle seine Nachkommen durch Abstammung, nicht durch Nachahmung übergeht und jedem einzelnen Menschen innewohnt. ... Da die Erbsünde ein *peccatum naturae* ist, wird sie auf demselben Wege fortgepflanzt wie die menschliche Natur, durch den natürlichen Zeugungsakt. Obwohl sie dem Ursprung nach eine einzige ist, nämlich die Sünde des Stammhauptes allein, wird sie so oft vervielfältigt, als durch natürliche Zeugung ein Adamskind ins Dasein tritt.

83 Der Zustand der Existenz ist der Zustand der Entfremdung. Der Mensch ist entfremdet vom Grund des Seins, von den anderen Wesen und von sich selbst. Entfremdung ist kein biblischer Begriff, aber er ist in den meisten biblischen Beschreibungen der menschlichen Situation enthalten, so z. B. in der Erzählung von der Austreibung aus dem

Paradies, von der Feindschaft zwischen Mensch und Natur, von der tödlichen Entzweiung zwischen Bruder und Bruder, von der Entfremdung einer Nation von der anderen durch die Sprachverwirrung, in den immer wiederkehrenden Klagen der Propheten über die Könige und das Volk, die sich fremden Göttern zugewandt haben. Der Begriff der Entfremdung steckt auch in dem Gedanken des Paulus, daß der Mensch das Bild Gottes in das Bild des Götzen verkehrt hat, steckt in seiner klassischen Beschreibung des inneren Widerstreits des Menschen in Röm 7, steckt in der großen Anklage in Röm 1, wo Feindschaft zwischen Mensch und Mensch und Verzerrung der natürlichen Begierden genannt werden.

... Trotzdem darf das Wort „Sünde“ nicht aufgegeben werden, denn es drückt etwas aus, was in dem Wort „Entfremdung“ nicht enthalten ist. Das Wort Sünde enthält das persönlich-aktive sich Wegwenden von dem, wozu man gehört. Es bringt den persönlichen Entscheidungscharakter der Entfremdung zum Ausdruck. Es betont die persönliche Freiheit und Schuld im Gegensatz zur tragischen Schuld und dem universalen Schicksal der Entfremdung. Das Wort Sünde kann und muß „gerettet“ werden, nicht nur, weil es in der klassischen Literatur und in der Liturgie beständig vorkommt, sondern vielmehr, weil es in aller Schärfe auf das Element der persönlichen Verantwortung im Phänomen der Entfremdung hinweist. Entfremdung ist nicht ein Zustand von Dingen, sondern eine Sache persönlicher Freiheit und universalen Schicksals.

Eine Neuinterpretation verlangt auch der Begriff der „Erbsünde“. Aber in diesem Fall kann die Neuinterpretation mit der Verwerfung des Begriffs identisch sein. Er bringt den universalen, schicksalhaften Charakter der Entfremdung zum Ausdruck. Aber er ist mit absurden Vorstellungen wörtlicher Auslegung so belastet, daß er nicht mehr gebraucht werden sollte. ... Alle Akte, in denen sich der Mensch existentiell bejaht, haben zwei Seiten. Die eine Seite ist der Drang des Menschen, sein Zentrum vom göttlichen Zentrum zu entfernen (Unglaube), die andere, sich selbst zum Zentrum seines Selbst und seiner Welt zu machen (hybris) ... Sünde ist ein universales Faktum, noch bevor sie zu einem individuellen Akt wird, oder genauer gesagt: Sünde als individueller Akt aktualisiert das universale Faktum der Entfremdung. Als individueller Akt ist Sünde eine Sache der Freiheit, Verantwortlichkeit und persönlichen Schuld. Aber diese Freiheit ist in das universale Schicksal der Entfremdung auf solche Weise eingebettet, daß jeder freie Akt das Schicksal der Entfremdung enthält, und umgekehrt, daß das Schicksal der Entfremdung durch jeden freien Akt verwirklicht wird ...

Selbst wenn man die volle Verantwortung für einen Akt der Entfremdung auf sich nimmt, ist man doch gewahr, daß dieser Akt vom Zustand des eigenen Seins abhängig ist und daß dieser geformt ist durch das eigene Schicksal einschließlich der früheren freien Akte und einschließlich des Schicksals der Menschheit als Ganzer.

Das religionsgeschichtliche Phänomen

84 Sünde als „Ichhaftigkeit“ und „Ichsüchtigkeit“

Wenn man die große Mannigfaltigkeit religiöser Erfahrungen und Vorstellungen auf letzte große gemeinsame Grundstrukturen reduzieren will, so kann man sagen, daß in allen Religionen es letzten Endes um Bewahrung oder Gewinn einer allerdings vieldeutigen Einheit mit der Gottheit geht. Dieser lebenbegründenden Einheit stellen sich Hindernisse in den Weg. Diese Störungen können aktuell und konkret sein, wenn sie in einzelnen normwidrigen Handlungen bestehen. In der großen Gruppe der Volksreligionen dominiert diese Art der Störung durch aktuelle und konkrete Sünden, während in den Universalreligionen, in denen freilich auch noch solche aktuellen

Sünden vorkommen, das Gewicht auf einer anderen Art der Störung liegt, nämlich auf einer generellen und existentiellen Störung in der Form einer grundsätzlichen Isolierung vom Numinosen ... Die Universalreligion hat es ... mit dem einzelnen zu tun, der hier der primäre Träger der Religion ist. Dieser einzelne aber findet sich in der Spätzeit in einem Zustand existentiellen Unheils vor im Sinne der Isolierung vom Numinosen ...
Die Ausgangssituation der Erlösungsbedürftigkeit in der Mystik wird von uns als ichhafte Existenz bezeichnet, nämlich als ichhafte Abspaltung vom einen, impersonalen Sein. Das Ich und das Ichbewußtsein sind in der Mystik daher die Faktoren, gegen die als heilshindernde Größen sich das Erlösungsbemühen in erster Linie richtet.
In den prophetischen Religionen dagegen ist die ichsüchtige Existenz der Ausgangspunkt; denn die Unheilssituation besteht hier in der Abwendung von dem persönlichen Gott im Vertrauen auf das eigene Können und Tun, d. h. in der Richtung aller Kräfte auf das Ich und seine Bedürfnisse.

Drei Beispiele:

Leiden als Grunderfahrung

85 Tanha [Gier, „Durst"], welches die Ursache von dukkha [Leiden] darstellt, hat drei Wesensmerkmale: die Gier nach sinnlicher Lust, die Gier nach Werden, die Gier nach Vernichtung. Einer oder mehrerer dieser Faktoren kann dukkha verursachen. Die Aufhebung oder das völlige Aufgeben von tanha führt zum Stillstand von dukkha. Folglich gibt es kein dukkha ohne tanha. Der Pfad, der zum Stillstand von dukkha führt, ist der Edle Achtteilige Pfad.
Dukkha ist daher nicht bloßer Schmerz und bloßes Elend, sondern ein Begriff umfassendster Reichweite, dem die größte Bedeutung in den buddhistischen Lehren zukommt. Die Erkenntnis von dukkha ermöglicht das Erreichen des nibbana [= Nirvana]. Das Nichtwissen um die Vorherrschaft von dukkha bedeutet Unwissenheit über die grundlegende Natur der Welt. Unwissenheit (avijja) ist sozusagen der Ausgangspunkt der Kontinuität im samsara [Geburtenkreislauf]. Dukkha kann mit einer Krankheit verglichen werden. Das Nichtwissen um die herrschende Krankheit verhindert eine Heilung ...
Es erfordert den einzigartigen Arzt in der Person des Tathagatas [Buddha], um die Verbreitung dieser Krankheit zu erkennen. Die erste Wahrheit wurde von Buddha erkannt. Jedoch erfüllt diese Tatsache allein noch keinen Zweck; genauso wie die Kenntnis um die Verbreitung einer Krankheit keine große Hilfe darstellt, wenn nicht und solange nicht eine Heilung durchgeführt wird. Um eine Heilung zu vollbringen, müssen die Symptome studiert und die Ursache der Krankheit herausgefunden werden. Aus der Erkenntnis dieser Symptome, wie z. B. aus der Tatsache, daß „die Geburt Leiden" bedeutet usw., wird die Ursache der Krankheit als tanha, ‚Verlangen', Durst diagnostiziert. ...
Wenn erst einmal die Ursachen erkannt sind, muß ... die Verabreichung der Medizin erfolgen, um Heilung zu bewirken.

Sünde als Schwachheit und Vergeßlichkeit

86 Der tiefgreifendste Grund für die Notwendigkeit der Offenbarung sind die Hindernisse, die vor dem Verstand liegen und die sein richtiges Funktionieren beeinträchtigen. Oder genauer gesagt, die Tatsache, daß der Mensch, obwohl er nach Gottes Bild geschaffen wurde und ein theomorphes Wesen besitzt, es immer wieder vergißt. Er trägt in sich die Möglichkeit, Gott ähnlich zu sein, aber er vernachlässigt diese Möglichkeit ständig. Darum ist die Hauptsünde im Islam die Vergeßlichkeit ...
Im Christentum hat der Mensch gesündigt. Da er gesündigt hat, ist seine Natur schlecht ge-

worden. Da sie schlecht geworden ist, benötigt er ein Wunder zur Erlösung. Durch die Taufe und die Sakramente wird die Wunde in seiner Seele geheilt, und durch die Teilnahme am Leben oder Opfer Christi wird er erlöst. Im Islam gibt es jedoch keine Urschuld. Es gibt keine einzelne Tat, die den menschlichen Willen negativ beeinflußt und entstellt hat. Der Mensch ist eher deshalb unvollkommen, weil er Mensch ist und nur Gott die eigentliche Vollkommenheit darstellt. Da er unvollkommen ist, hat der Mensch die Neigung zu vergessen und muß ständig durch die Offenbarung an seine wahre Natur erinnert werden. Obwohl der Ansatz im Menschenbild des Christentums und Islams unterschiedlich ist, ist das Endergebnis insofern dasselbe, als beide an die Notwendigkeit der Offenbarung glauben, damit der Mensch erlöst wird.

Jüdische Kritik an der Erbsünde

87 Den Begriff der Erbsünde erkennt der Judenglaube nicht an. Es wäre nicht gerecht und widerspräche der Güte Gottes, wenn dem Unschuldigen Schuld aus der Zeit vor seinem Dasein aufgebürdet würde. Der Mensch hat aber die Fähigkeit zu sündigen. Sie ist die Grundvoraussetzung seiner Freiheit. Nur wer frei ist zu sündigen, ist auch frei, Gutes zu tun. „Die Neigung, Böses zu tun", ist mithin ein Werkzeug menschlicher Schöpfungskraft und eine Herausforderung zur Heiligkeit. Sie gibt dem Menschen seine Freiheit und damit auch seine Würde; denn sie sondert ihn ab von der ganzen übrigen Natur. „Alles liegt in des Himmels (Gottes) Hand, bloß nicht die Ehrfurcht vor dem Himmel" (Berachoth 33b). Diese Freiheit muß zweifach zum Ausdruck kommen: wir müssen uns vom Bösen fernhalten *und* tätig das Gute fördern, „um die Welt unter der Herrschaft des Allmächtigen in die richtige Ordnung zu bringen" (wie es im täglichen Gebet heißt).

3.3.2 Aktuelle Sünde

88 Mir wurde einmal bei einem Ashram [Hindu-Kloster] in der Nähe des Ganges meine Uhr gestohlen, obwohl meine Hütte zugeriegelt war. Da mir früher schon Dinge von Affen gestohlen worden waren, dachte ich, dieser Diebstahl gehe auch auf ihr Konto; kurzum, ich hielt es für einen zufälligen Unglücksfall. Als ich einem der Insassen des Ashrams von dem Diebstahl erzählte, machte der ein traurig enttäuschtes Gesicht und sagte: „Wir werden dahinter kommen". Die Uhr wurde schließlich gefunden, sie war in das Kopfkissen eines armen pakistanischen Flüchtlings eingenäht, der im Ashram als Friseur arbeitete. Die Mönche stellten sie sicher und prügelten den Flüchtling zum Ashram hinaus. Insofern war die Angelegenheit geregelt. Aber sie bedauerten mich zutiefst, denn indem ich veranlaßt hatte, daß der Friseur ertappt und bestraft worden war, hatte ich eine negative Handlung vollzogen, die schlecht für mein Karma [Gesetz von Tat und Tatvergeltung] war. Sie sahen voraus, daß folglich meine Zukunft weniger günstig verlaufen würde, als dies sonst der Fall gewesen wäre, und daß meine Vergangenheit weniger günstig war, als sie angenommen hatten – sonst wäre die Uhr nicht gestohlen worden und ich nicht gezwungen gewesen, mein eigenes Karma dadurch zu gefährden, daß ich dem Dieb Schaden zufügte.

Sünde: Verweigerung der Liebe

89 Die Sünde gehört der sittlich-religiösen Ordnung an, der Ordnung der Handlung und Selbstaussage, in welcher der Mensch sich als Person verwirklicht. Sie ist darin negativ, sie ist Ablehnung und Widerstand, sie ist ein ‚Nein' der menschlichen Person, ein Sich-Verschließen und -Verhärten, wo eine Offenheit und Hingabe gefordert wurde, in biblischen Begriffen: eine Versteinerung

des Herzens. ... Eine Abkehr von Gott entfremdet den Sünder notwendig zugleich Gottes begnadeter Schöpfung und umgekehrt. ... Die Sünde ist eine ***ungeordnete*** Hinwendung zum Geschöpf: Dieses wichtige Wort darf keinen Augenblick verschwiegen werden. Die Sünde stellt das Geschöpf, an das sie sich wendet, außerhalb der Hinordnung auf Gott: Deshalb kann sie im Geist der Bibel als die Abkehr von Gott und die Hinwendung zu einem Götzen definiert werden. Aber die Sünde stellt das Geschöpf auch außerhalb der innerweltlichen Ordnung: indem sie sich von Gott abwendet, wendet sie sich irgendwie auch vom Geschöpf ab. ... Wie sich die eine Liebe auf Gott und Schöpfung richtet, so ist die Sünde, die immer Verweigerung der Liebe ist, auch gegen die ganze Wirklichkeit Gottes und seiner Schöpfung, der Welt und ihres Gottes gerichtet. ...
Es versteht sich von selbst, daß dies nicht nur innerhalb der Kirche Christi möglich ist, sondern überall, wo Gott seine Gnade schenkt. Jedem Menschen wird auf irgendeine Weise Gnade angeboten, das ergibt sich aus Gottes allgemeinem Heilswillen; jedenfalls ist jeder Mensch in die Heilsordnung aufgenommen und zu einem übernatürlichen Endziel bestimmt. Deshalb hat die Sünde in unserer Welt immer einen übernatürlichen Charakter; auch wenn sie ihrem Inhalt nach natürlich genannt werden kann, ist sie doch übernatürlich als (negative) Antwort auf eine übernatürliche Begabung ...
Sünde ist nicht gegen Gottes Willen ***über*** unserer Wirklichkeit, sondern gegen Gottes Wille und Weisheit, die ***in*** unserer Wirklichkeit zum Ausdruck kommen. Die Sünde ist nicht in erster Linie ein Verstoß gegen sogenannte ‚positive Gesetze', sondern das Verstoßen gegen ‚Wesensgesetze' der natürlichen Wirklichkeit und gegen positive Gesetze, sofern sie durch diese Wesensgesetze gerechtfertigt sind. Aber auch bei dieser Formulierung droht ein Mißverständnis. ...
Unser Wille ist mehr als eine Fähigkeit zur Hinnahme oder zur Beherrschung dessen, was außer uns liegt, er ist in erster Linie die Fähigkeit, uns selbst eine Haltung und einen letzten Sinn zu geben. Deshalb haben wir nicht nur Normen zu akzeptieren, sondern auch zu setzen; die ‚Natur' trägt nicht vollendete Normen in sich, sondern sie hat die Möglichkeit, sinnvoll in die personale Beziehung zwischen uns Menschen aufgenommen zu werden, die wir selbst wieder in den Bund mit Gott aufgenommen sind. Erst der Sinn, den diese Kommunikation haben kann, oder der Sinn, den diese Kommunikation der Natur erteilt, ist sittliche Norm. ... Wenn die Sünde ein Verstoß gegen Gott und gegen die in seiner Heilsgeschichte von ihm begnadete Welt ist, dann richtet sie sich in alldem gegen Christus. ...

Impulse:

90 Für uns heute – nach dem Absterben der religiös-unmittelbaren Beziehung zu Gott – gilt: Gott kann nur im Menschen gehaßt und beleidigt werden. Sünde läßt sich nicht im spezialistisch-religiösen Sinn verstehen, als Mangel an Gottesliebe oder als Auflehnung gegen einen Herren, sondern sie muß weltlich-politisch gedacht werden. Nicht der entweihte Tempel oder die leergewordenen Kirchen klagen uns an, sondern der Zustand unserer Welt ...

91 Der Christ führt die dem Menschen innewohnende Tendenz zur Sünde auf seine Abstammung von Adam zurück; der Buddhist betrachtet die „Ursünde" als menschliches Erbteil aus der Zeit des Dschungels. Die Evolution gibt uns den Schlüssel in die Hand, das Geheimnis des Bösen zu erklären. Es erscheint uns nur deshalb als Geheimnis, weil die Menschen keine natürliche Erklärung wußten und versuchten, eine übernatürliche zu geben. Für den Buddhisten ist das Problem des Bösen kein religiöses Rät-

sel, sondern ein wissenschaftliches Problem, das sich im Licht von Erfahrung und Vernunft studieren und bewältigen läßt.

92 Die Christen haben einen ausgeprägten Sinn für Unrecht, Sünde und Beladensein geerbt ...
Ihre Angst vor dem Bösen ist mächtiger als ihr Sinn für Gerechtigkeit und ihre Furcht vor dem Höllenfeuer größer als ihre Bemühung um das Paradies. Auf diese Weise hat in Zeiten, als das Christentum einen besonders ehrfürchtigen und frommen Charakter zeigte, ein negativer Zug alle Handlungen der Gläubigen beherrscht.

➩ 25–32, 53–60.

3.4 Erlösung/Gnade

93 In der Gegenwart spielt in der evangelischen Theologie die Auffassung K. Barths eine entscheidende Rolle: Gnade ist das schrankenlose, universelle Ja zur Menschheit, das sich in Jesus als ewig, endgültig, unwiderruflich und barmherzig, als Gott, Wort und Geist Gottes erwiesen hatte und dessen Wirkweise im Menschen die bewußt grenzenlose Zuversicht zu diesem Ja, nämlich der Glaube ist. – Die katholische Gnadentheologie (vgl. z. B. die Auffassung K. Rahners) geht heute davon aus, daß sich der glaubende Mensch trotz seines Wissens um seine Sündigkeit als der von Gott liebevoll in dessen eigenstes Leben hin Angerufene verstehen kann. Von diesem Ansatz aus werden die ‚übernatürliche‘, ‚vergebende‘, ‚ungeschaffene und geschaffene‘, ‚aktuelle und habituelle‘, ‚befreiende‘, ‚medizinelle und übernatürlich erhebende‘ Gnade als entscheidende Gesichtspunkte am begnadeten Menschen (nicht mehr als Entitäten) herausgearbeitet.

... Versteht man unter Erfahrung eine ‚ungegenständliche Bewußtheit‘ (K. Rahner), dann liegt überall dort Gnadenerfahrung vor (und zwar im strengen Sinn des Wortes), wo Menschen – durch Verkündigung erleuchtet und hellhörig geworden – sich auf Gott verwiesen wissen als auf ihre ‚Tiefe‘, ihren ‚Grund‘, ihr ‚Woher und Wohin des Umtriebenseins‘, ihre ‚Zukunft‘, ihre ‚Mitte‘ usw. Wohlgemerkt! Gott, Gnade, Geist usw. werden hier nicht ‚gesehen‘ oder ‚erschlossen‘, sondern unmittelbar (d. h. *vor* der Reflexion) als ‚gegeben‘ erfaßt. ...
Unmittelbare Gnadenerfahrung äußert sich ... im Bewußtsein des Befreitseins, Geborgenseins, Hoffnunghabens, Auf-einem-guten-Weg-Seins ... Solche Erfahrung von Gnade kann man lernen (durch Meditation, Gemeindeerfahrungen, als Ergebnis von Verkündigung usw.). Für den, der solche Erfahrungen nachvollziehen kann, ist Gnade keine Worthülse und keine Verdinglichung mehr, sondern eine konkrete Lebenswirklichkeit, von der er Zeugnis abzulegen vermag wie Jesus Christus.

94 In den Herzen aller leidenden Wesen manifestiert sich Amidabutsu in der Gestalt des Glaubens oder des rückhaltlosen Sich-Verlassens auf das grenzenlose Erbarmen oder die Liebe. Die unbegrenzte Liebe des Absoluten Buddha manifestiert sich in den 48 Gelübden des Bodhisattva Dharmakara, des potentiellen Amidabutsu, welche den Leiden aller lebenden Wesen entsprechen. Das 18. der 48 Gelübde gibt allen, die an Amidabutsu glauben, Sicherheit in folgender Weise: ‚Wenn auf Grund meiner Erreichung der Buddhaschaft alle fühlenden Wesen, die aufrichtigen Herzens sind und volles Vertrauen haben und den Wunsch, in meinem Lande wie-

dergeboren zu werden, meinen Namen einmal oder zehnmal wiederholen, und dann dort nicht wiedergeboren werden: möge ich dann nicht die Große Erleuchtung erlangen.'
Amidabutsu, die Verkörperung des Erbarmens und der unbegrenzten Liebe, manifestiert sich in der Gestalt des Glaubens an den Absoluten Buddha. Psychologisch gesehen tritt dieser Glaube in zweierlei Form in Erscheinung: in dem Bewußtsein der persönlichen und absoluten Unwissenheit und des eigenen Leidens, und in dem Bewußtsein Amidabutsus, der uns durch sein unbegrenztes Erbarmen erretten kann. Durch das Erwachen des Glaubens in die absolute Macht Amidabutsus erlangen die fühlenden Wesen Gewißheit, nach dem Tode die Buddhaschaft im Lauteren Lande zu verwirklichen. Mit anderen Worten: sie werden potentielle Buddhas in dem gleichen Augenblick, in welchem sie ihren Glauben in Amidabutsu setzen. Als Ausdruck der Glückseligkeit und der Dankbarkeit für die Sicherheit, durch den Glauben in Amidabutsu errettet zu werden, sollten sie den Namen des Buddha, *Namuamidabutsu*, anrufen!

Zusatzinformationen:

95 Der Amida-Buddhismus ist eine besondere Religionsform innerhalb des vielgestaltigen Mahayana-Buddhismus. Seine Wurzeln liegen zwar in Indien und China, doch eigentliche Bedeutung gewann der Amidismus in Japan, wo sich heute eine hohe Zahl von Buddhisten zum Buddha Amida bekennt.
Gestiftet wurde diese Religion durch den mit dem damaligen ritualistisch erstarrten Buddhismus unzufriedenen Mönch Genku (Ordensname: Honen Shonin, 1133–1212). Honens Schüler Shinran Shonin radikalisierte die von jenem entwickelte Gnadenlehre. Ausgangssituation ist, wie generell im Buddhismus, die Idee des Leidens. Nach der Theologie Shinrans besitzt der Mensch sowohl eine verderbte, sündige Natur, gleichzeitig aber auch die Buddhanatur, „die in sich selbst ruhende, gleichzeitig immanente und transzendente Wahrheit oder Wirklichkeit aller Wesen und Erscheinungen: das unzerstörbare, zeitlose Absolute, das Eine Wesenhafte in und hinter allem Gewesenen, Daseienden und Kommenden. Er ist Träger und Gegenstand der Erleuchtung = Buddhaschaft" (H. W. Schumann). Durch die richtige Lehre, die ihm sagt, daß er im Grunde Buddhanatur ist, kann der Mensch Befreiung von Sünde und Leiden erhalten. Errettung aus dem leidvollen Kreislauf der Weiterverkörperungen geschieht ganz allein nur durch die Gnade Amida Buddhas. Im Text ist die Rede von den 48 „vorzeitlichen Gelübden" Amidas. In dem wichtigen 18. Gelübde heißt es, daß der Mensch aus sich selbst keine Befreiung vom Leiden erlangen kann. Wir haben hier die Idee einer „reinen Gnadenreligion" vor uns, die auf seiten des Menschen zur Passivität in Erlösungsdingen führt, ihm nicht einmal die Mitwirkung am eigenen Heil offenläßt. Galt bei Honen Shonin das wiederholte Sprechen der Formel „Namu Amida Butsu" (das sog. Nembutsu) noch als verdienstvolles, Gnade bewirkendes Werk, so ist sie bei Shinran nur noch eine reine Dankäußerung für die empfangene Gnade. Das Heilsziel ist im Amida-Buddhismus das Eingehen in das paradiesische „Reine Land" (Jodo). Für viele Amida-Gläubige ist dieses Gottesreich tatsächlich zum Endziel geworden. Amida-Theologen erklären diese Ansicht jedoch für irrig. Das paradiesische Gefilde sei lediglich eine Zwischenstation auf dem Wege zur endgültigen Auslöschung und Entpersönlichung im Nirvana. [153]

Diskussionsanstoß:

96 Die christlich-protestantische Gnadenreligion ist nicht darum die wahre Religion, weil sie eine Gnadenreligion ist. Wäre dem so, dann müßte dasselbe – wie man auch von jenen Unterschieden denken

möge – billigerweise auch vom Jodoismus* gelten ... Und darum ist die Existenz des Jodoismus eine providentielle Fügung zu nennen, weil er das mit relativ größter Dringlichkeit so deutlich macht, daß über Wahrheit und Lüge zwischen den Religionen nur Eines entscheidet. Diese Eine ist der *Name Jesus Christus.* Es dürfte methodisch empfehlenswert sein, im Angesicht des Jodoismus, aber grundsätzlich auch im Angesicht aller anderen Religionen zunächst ganz und gar nur diesen Unterschied ins Auge zu fassen und alles Andere, was wir an Unterschieden zu kennen meinen, vorläufig zurückzustellen.

* Jodoismus = Amida – Buddhismus

⇨ 16–24, 25–32, 131–141, 164–177, 195–206.

98

99 Freedom is just another word for nothing left to lose ...

(*Kris Kristofferson*)

3.5 Freiheit

100

Assoziationen:

97 Die Gedanken sind frei, Religionsfreiheit, Befreiungskriege, Freiheitskriege, Steuerfreibetrag, die große Freiheit St. Pauli, Freiheit, die *ich* meine, frei und schön, freie Wildbahn, frei geboren, Freiheitsstatue, Mobilität, Freihandelszone, Tempostop: das Ende der großen Freiheit, Freikörperkultur, freisetzen (entlassen), straffrei, Freizügigkeit, von der Freiheit eines Christenmenschen, die kleine Freiheit, ... ich bin so frei, sorgenfrei, frei von Krankheitserregern, Bodenfreiheit, frei wie ein Vogel, vogelfrei, ... geben Sie Gedankenfreiheit, Sire, Freigepäck, Freihafen, Freitod, ... endlich frei, Freitag ist Zahltag, oben ohne, freihändig, Freiheit oder Sozialismus, Freibier, Narrenfreiheit, Freie Marktwirtschaft ...

Impulse:

101 Freiheit bedeutet Verantwortlichkeit; das ist der Grund, weshalb die meisten Menschen sich vor ihr fürchten.

(*G. B. Shaw*)

102 Wahrlich, Gott ändert nicht das Geschick eines Volkes, wenn dieses nicht sich selbst ändert.

(Koran, Sure 13,11)

103

Brüder, zur Sonne, zur Freiheit.
Meine Kinder werden frei erzogen.
Jeder ist seines Glückes Schmied.
Ein Apfel fällt nicht weit vom Stamm.
Schuster bleib' bei deinen Leisten.
Was Hänschen nicht lernt, lernt Hans nimmermehr.

104

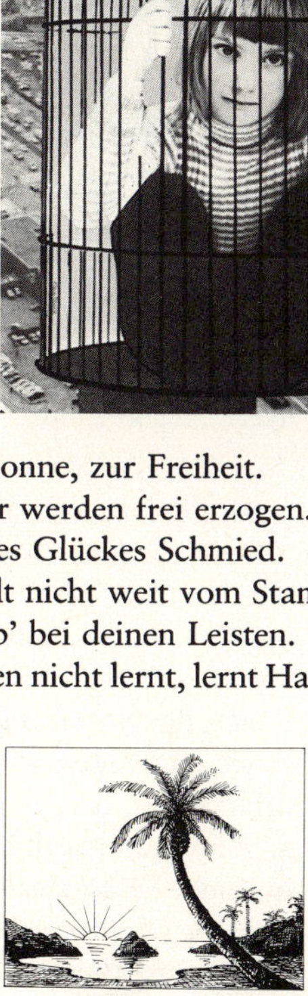

Eitel Joachim Schwarzer: Von der Utopie zur Realität

105

106 Mit dem Anspruch auf Autonomie hat der neuzeitliche Mensch sich selbst zum Subjekt der Geschichte gemacht. Er weiß sich nicht mehr eingebettet in eine ruhende Ordnung der Welt. Er fühlt sich allein verantwortlich und ist bereit, sein geschichtliches und gesellschaftliches Schicksal selbst in die Hand zu nehmen. Wo bleibt in dieser ‚kopernikanischen Wende' noch Platz für Gott? ... Und doch beschäftigt der Gottesgedanke unablässig gerade jene Denker, die den Menschen zur Anerkennung seiner Selbst als eines selbstbewußten Subjekts geführt haben. Sie kommen mit der endlichen Freiheit nicht zu Ende und erkennen, daß die Beanspruchung und der Vollzug dieser Freiheit nach einer Verankerung im Absoluten verlangt. ... Im Verständnis des Schöpfungsglaubens ist ja der unbedingte Sollensanspruch nichts anderes als die Abhängigkeit eines personal-freien Selbst, das in dieser seiner Freiheit total beansprucht ist, über sich in Freiheit zu verfügen. Das Dasein unter dem Sollensanspruch erweist sich theologisch als die notwendige Verfassung des Menschen, der sich nicht sich selbst verdankt, sondern sich als Kreatur konstituiert weiß ... Nur in dem Maße, in dem er sich diesem Grundanspruch (es ist der Anspruch vollkommener Freiheit!) fügt, gewinnt er als sittliches Wesen sich selber in freier Selbstbestimmung. ... Nur die Bindung an die freimachende Freiheit selbst kann endliche Freiheit nicht einengen, sondern zu sich selber bringen. „Allein die letztverbindliche Orientierung an dem unbedingt-unendlichen Gott erniedrigt oder beeinträchtigt niemanden, sie konkurriert mit nichts, sie schließt keinen Wert dieser Welt, keine gültige Lebensmöglichkeit, keine Weise und keinen Grad menschlicher Selbstverwirklichung aus. Sie läßt vielmehr Menschen und Dinge, Begebenheiten und Projekte in die gemäße Ordnung, an die ihnen zukommende Stelle einrücken; sie verleiht die richtige und gerechte Perspektive."

107 „... das wissen wir unzweifelhaft, daß *alle Handlungen des Menschen seinem freien Willen überlassen* sind und Gott ihn nicht zwingt oder ihn bestimmt, daß er das oder jenes tue. Und nicht bloß von Seiten des Glaubens ist uns das bekannt geworden, sondern auch durch klare wissenschaftliche Beweise; daher heißt es bei den Propheten, daß man den Menschen wegen seiner Handlungen in Verantwortung derselben richtet, ob gut oder schlecht; das ist der Grundsatz, auf dem alle Worte der Propheten fußen ... Wesentlich scheint mir an der Aussage des Maimonides, daß er die Willensfreiheit auch hier mit den Worten betont: ‚Aber das wissen wir unzweifelhaft, daß alle Handlungen des Menschen seinem freien Willen überlassen sind.' Maimonides geht so weit, daß er einmal sagt, die Freiheit des Willens habe nie ein Sohn unseres Volkes geleugnet ... Jedenfalls ist Maimonides trotz der Betonung des Wissens Gottes um unser Tun und Denken, mit seiner Statuierung der Willensfreiheit im Judentum durchgedrungen.

108 Das gesamte Universum ist auf Gott hin ausgerichtet, wirft sich vor ihm nieder und preist unaufhörlich seine Herrschaft und seinen Ruhm. Es ist „muslim" in dem Sinne, daß es sich Gott völlig unterworfen hat. Es hat keine Wahl. Es besteht kein Unterschied zwischen seinem Sein und seiner Unterwerfung. Aber der Mensch ist anders. Er hat die *Wahl*, Gott zu verleugnen und gegen ihn zu revoltieren oder ihn zu preisen und sich ihm zu unterwerfen. War die Wahl ein Teil des ursprünglichen Wesens des Menschen? Was bedeutet „wählen"? Offensichtlich Freiheit. Hat Gott den Menschen frei geschaffen? Wir neigen zu der Ansicht, daß Gott, als er Adam Adel, Wissen und Macht verlieh, ihm auch die Freiheit gab. Als die Engel sich der Schaffung Adams widersetzt und gesagt hatten, er werde Zwietracht verbreiten und Blut vergießen, hatte Gott geantwortet, daß er wisse, was sie nicht wüßten ...
Da die Engel sich der Schaffung Adams vom ersten Augenblick an widersetzt hatten und da Gott sie ermahnt hatte, daß er wisse, was sie nicht wüßten, sollte nun deutlich werden, daß Freiheit nicht eine Folge des Ungehorsams oder der Schuld, sondern eine ursprüngliche Bedingung des menschlichen Wesens war. Gott hatte den Menschen edel, wissend, mächtig und frei geschaffen. In Adel, Wissen und Macht war Adam der übrigen Schöpfung nicht überlegen. Lediglich in der Fähigkeit, frei zu sein, hatte er nicht seinesgleichen. Daher stammt Gottes Befehl an die Engel: „Werft euch vor Adam nieder."

109 Das Gesetz [des karma] als solches ist tiefgründig und außerordentlich kompliziert, und wenn

wir es restlos verstünden, wären wir Herren der Welt. Denn im Kosmos können nicht teils das Gesetz, teils Chaos herrschen, er untersteht entweder dem Gesetz von Ursache und Wirkung oder nicht. Ausnahmen von der Regel kann es nicht geben, wenn auch die Komplexität der Wechselbeziehungen unsere derzeitige Fassungskraft wohl weit übersteigt. Dieses Gesetz ist der wahre Schlüssel zu allen Vorgängen innerhalb der Welt von Zeit und Raum, und es lohnt sich, den Mut aufzubringen, dem ins Auge zu schauen, was es mit sich bringt, wenn man es ganz bejaht. Denn ist die Lehre vom Karma wahr, folgt daraus, daß „Glück", „Chance", „Zufall" und „Schicksal" Worte sind, die man nicht mehr verwenden sollte. ... Um Schicksal also im Sinn einer Macht, auf die wir nicht einwirken und die wir nur mit Geduld und Demut akzeptieren können, handelt es sich nur dann, wenn ein Karma überreif für Veränderung ist. Solchem Geschick gegenüber können wir lediglich den Mut aufbringen, die Übel zu ertragen, die wir uns durch früheres Handeln selbst geschaffen haben. Freier Wille oder Prädestination, das Lieblingsthema aller Debattierklubs, sind nicht ein „Gegensatzpaar", sondern ein und dieselbe Wahrheit von entgegengesetztem Gesichtspunkt aus betrachtet. Unser Leben wird weitgehend vorbestimmt von unseren eigenen früheren Taten, doch der Kraft, die diese Bedingungen schuf, steht es so frei wie je, sie umzuformen oder sie auf der Ursachen-Seite oder auf der Hinnahme-Seite zu verändern.

... Es gibt zwei Methoden des Wandels, entweder durch Änderung der Verhältnisse oder durch Änderung meiner physischen und seelisch-geistigen Reaktion auf sie. Die erste besteht in extrovertierter Tätigkeit, die sich vor aller Augen abspielt; die zweite ist geistiger Art. Insofern ist der angebliche Gegensatz von Vererbung und Umwelteinflüssen ebenso wie der von Willensfreiheit und Vorbestimmung eine Fehlvorstellung. Ich „machte" es selbst insofern, als ich mich selbst in den Körper meiner Eltern brachte; ich „machte" auf die gleiche Weise meine anfängliche Umwelt ... Dies ist die praktische Lehre von der Hinnahme: die Dinge so zu nehmen, wie sie sind, weil du selbst sie so gemacht hast ... So ist Karma wahrhaft das Gesetz der Gesetze und kennt keinen Kompromiß. Sein Wirken besteht darin, auf allen Ebenen der Ursache die Wirkung zuzumessen, welcher Art die verursachende Lebenseinheit auch sein mag, sei sie ein Mensch, eine Gruppe oder eine Nation. Es belohnt nicht und straft nicht; es mißt zu. Wir werden *durch* unsere Sünden gestraft, nicht *für* sie.

⇨ 7, 8, 9, 10–13, 61–66, 142–151.

3.6 Tod und Hoffnung

110 Jede Existenzdeutung, die vom Tod absieht, ist zwangsläufig nicht existentiell, da der Tod die äußerste Existenzmöglichkeit ist: existieren heißt dem Tod entgegensehen. Das menschliche Dasein empfängt vom Tod seinen entscheidenden, irreversiblen Charakter; deswegen stellt der Tod den Menschen vor die radikale Frage nach sich selbst ...

Der Tod läßt sich so wenig auf einen anderen abschieben wie das Wissen um das eigene Ich: wie jeder sein Leben lebt, so stirbt auch jeder seinen Tod. In ihm tritt jedem Menschen der in seinem Sein enthaltene Fundus von Nichtsein zutage. Doch in eben dieser Negativität seiner selbst deckt sich jedem Menschen die tiefste Tiefe seiner Existenz auf. Im Tod erfährt der Mensch die absolute Ohnmacht, sich durch seine eigenen Mittel zu retten, den Einsturz der fatalen Illusion, sich selbst zu genügen. Er kann weder durch eigene Kraft den Schritt zu einem außerweltlichen Dasein vollziehen, noch sich dieses durch seine eigene Vernunft mit Evidenz garantieren. Es bleibt ihm keine ande-

re Möglichkeit, als sich vom Tod zum Tod tragen zu lassen, sich sterben zu lassen (Erfahrung seiner höchsten Passivität). Seine innerweltliche Existenz stürzt gänzlich zusammen. Er ist an die Grenze des Nicht-Verifizierbaren, des absoluten Schweigens gelangt (aller seiner Vorstellungen beraubt) ...
In eben dieser Nähe zum Nichts ist somit der Tod Transzendenzgrenze, radikaler Ruf, sich für die Hoffnung zu entscheiden. In seinem totalen Unvermögen, sein Dasein zu sichern, kann der Mensch einzig hoffen, daß ihm eine neue Existenz geschenkt wird. Der Tod stellt den Menschen vor die Entscheidung zwischen einer autonomen Existenz, die sich auf seine Möglichkeiten innerhalb der Welt beschränkt oder einer geöffneten Existenz mit zuversichtlichem Mut zur Hoffnung auf eine transzendente Zukunft. Der Tod ist somit ‚Grenzsituation' für die Freiheit des Menschen bei seiner Entscheidung, über die Welt hinauszugehen oder nicht. Und weil der Tod im menschlichen Dasein ständig zugegen ist, ist diese ganze Existenz ‚Grenzsituation' der Hoffnung.

111 Wir sind nicht für den Tod geschaffen. Unser Gott ist ein Gott der Lebenden. Seinen Sohn ließ er nicht im Totenreich. Seinen Heiligen ließ er nicht schauen die Verwesung. Über allen christlichen Gräbern leuchtet die österliche Sonne der Hoffnung: Wir werden auferstehn. Christus ist der Erstgeborene, der Ersterstandene von den Toten. – Was sucht ihr den Lebenden bei den Toten? Er ist auferstanden. Er ist nicht hier. Sind wir mit Christus gestorben, so glauben wir, daß wir auch mit ihm leben werden.

112 Die jüdische Bibel kennt die meisten klassisch-philosophischen Haltungen zum Tode, doch wüßte ich nicht, daß irgendwo der Versuch gemacht wird, den Tod zu versüßen. Moses sagt: ‚Das Leben und den Tod habe ich dir vorgelegt, den Segen und den Fluch! So wähle das Leben ...' Der Psalmist bittet um das Leben. ... Koheleth, der Prediger Salomos, erblickt im Tod die letzte Ungerechtigkeit im ungerechten und unfruchtbaren Spiel des Daseins. Und Hiob, dessen ironisches Loblied auf den Tod in einigen makellosen Versen alle Argumente zusammenfaßt, sieht in ihm eine Katastrophe, deren einziger Vorzug es sei, daß mit ihr alle Katastrophen enden.
Von einer frohen Hoffnung auf das Paradies und seine Harfengesänge ist dabei wenig zu merken, genau so wenig wie von der Furcht vor dem höllischen Feuer und den Teufeln. Der Tod ist ein Übel, weil er das Licht des Lebens auslöscht und weil er ein großes Rätsel ist. Das hat sich der gesunde Menschenverstand auch immer gesagt. Das ist auch mehr oder weniger, was die jüdische Bibel dazu sagt.
... Dem Judentum und dem Christentum und dem Islam ... ist der Glaube gemeinsam, daß sich die Rechenschaftsperiode über den Tod hinaus in eine unbekannte Zukunft erstreckt. Es gibt ein Danach, eine andere Welt, die zukünftige Welt, und in dieser Welt wird unser Tun und Lassen gewogen.
... Das Judentum ist präzise, wenn es sich um Tun und Lassen handelt. Denken und Meinen sind im Fluß. Ich kann daher das jüdische Jenseits und die Wiederauferstehung nicht beschreiben. Es gehört zu unserem Glauben, daß es ein Jenseits gibt, daß Gott jenen, die im Staube ruhn, die Treue hält.

113 Von welcher Perspektive man auch immer den Tod betrachtet – er ist ein integraler Bestandteil des gewaltigen Lebensprozesses. Der Tod ist wie das Zerbrechen einer Glühbirne. Das Licht ist verloschen, doch nicht die Elektrizität. Wenn man eine neue Birne einsetzt, ist wieder Licht vorhanden. Entsprechend gibt es eine Kontinuität des Lebensstromes. Die Zerstö-

rung des gegenwärtigen Körpers löscht nicht den Strom der kammatischen Energie aus, der sich dann in einem ihm gemäßen Körper manifestiert. Das Gleichnis hinkt natürlich. Obgleich es niemanden gibt, der die Elektrizität mit der neuen Birne verbindet (diese Zusammenfügung bleibt dem Zufall überlassen), sind es doch die Art und Weise, wie man sein Leben geführt hat, die Qualität der Gedanken und die Beschaffenheit der Taten, welche stark genug sind, ein unmittelbares, wieder verbindendes Bewußtsein ähnlicher Art zu bedingen – nach dem Prinzip, daß Ähnliches Ähnliches anzieht. So wird also der sterbende Mensch zu einer Umgebung hingezogen – sei sie gut oder schlecht –, die er sich selbst durch seine Gedanken, Worte und Werke geschaffen hat. Denn von diesen Faktoren hängt unser zukünftiges Leben ab. Jeden Augenblick schaffen wir uns unsere Zukunft. Jeden Augenblick müssen wir also vorsichtig sein.

Angesichts des Todes

114

Sind wir mit Christus gestorben, so glauben wir, daß wir auch mit ihm leben werden. Röm. 6,8

Unser Herr und Heiland, Jesus Christus, hat heute morgen unseren lieben Mitbruder, seinen treuen Diener

Bruder Angelus Nowinka

Salvatorianer
Küster an Salvator zu Köln-Weidenpesch

im Alter von 63 Jahren in die ewige Heimat gerufen.
In Bruder Angelus verlieren wir einen stillen, bescheidenen, frohen und allzeit hilfsbereiten lieben Mitbruder dem wir zu Dank verpflichtet sind.
Wir bitten um das Gebetsgedenken für unseren lieben Verstorbenen.

Für die Kirchengemeinde Salvator
P. Alfred Salzburger SDS
Pfarrverwalter
Für das Salvatorkolleg
P. Serenus Müller SDS
Superior

5 Köln 60, Schlesischer Platz 2a. den 6. Februar 1978

Das Requiem halten wir am Donnerstag, dem 9. Februar 1978, um 8.30 Uhr in der Salvator-Kirche zu Köln-Weidenpesch, Schlesischer Platz, und in der Basilika des Klosters Steinfeld/Eifel um 15 Uhr. Die Beerdigung ist anschließend auf dem dortigen Klosterfriedhof.

Todesanzeige

115 Eingegangen in die Barmherzigkeit Gottes ist die Ehefrau des verstorbenen Muhammad Abdul Rizaq Scheich Latif. Die Verstorbene war Mutter von Nafi, Gasib und Schaqiqa Abd al-Majid Makki sowie Tante von Sami, Hamid, Adnan, Sabbah und Waladi Khammas und Samir und Walid Waladi Abdul Gibar. Die Fatiha (Eröffnungssure) wird im Angesicht ihrer reinen Seele im Haus von Sami Khammas im Hai al-Muallimin in der Stadt Amara vom 24. 4. 1978 drei Tage lang von 05.00–08.00 Uhr abends verlesen. [161]
Wir gehören Gott, und zu ihm kehren wir zurück.

116

Mit Bedauern teilen wir den Besuchern unserer Synagoge den Heimgang unseres Herrn

Simon Weiss

mit. Er hat uns in langjähriger Tätigkeit hingebungsvoll betreut. Wir werden ihm ein ehrenvolles Andenken bewahren.
Berlin, im Juli 1974

Der Vorstand der Synagoge

117 Der Morgen- und Abendchoral mit den vielen Stimmen und Instrumenten klingt in mir nach: ‚Lobe den Herren, den mächtigen König ... in wieviel Not hat nicht der gnädige Gott über dir Flügel gebreitet.' So ist es, und darauf wollen wir weiter uns getrost verlassen. ...
Ich denke jetzt oft an das schöne Hugo-Wolf-Lied, das wir in letzter Zeit mehrfach gesungen haben: ‚Über Nacht, über Nacht kommt Freud und Leid und eh du's gedacht, verlassen dich beid', und gehen dem Herren zu sagen, wie du sie getragen.' An diesem ‚Wie' liegt ja alles, es ist wichtiger als alles äußere Ergehen. Es bringt die manchmal quälenden Gedanken über die Zukunft ganz zur Ruhe. ...
Was für ein Reichtum ist in solchen bedrängten Zeiten eine große, eng miteinander verbundene Familie, wo einer dem anderen vertraut

und beisteht. Ich habe früher bei ... Verhaftungen von Pfarrern manchmal gedacht, es müsse doch für die Alleinstehenden unter ihnen am leichtesten zu ertragen sein. Damals habe ich nicht gewußt, was in der kalten Luft der Gefangenschaft die Wärme, die von der Liebe einer Frau und einer Familie ausgeht, bedeutet und wie gerade in solchen Zeiten der Trennung das Gefühl der unbedingten Zusammengehörigkeit noch wächst ...
Es kommt wohl alles auf das ‚in Ihm' an. Alles, was wir mit Recht von Gott erwarten, erbitten dürfen, ist in Jesus Christus zu finden. Was ein Gott, so wie wir ihn uns denken, alles tun müßte und könnte, damit hat der Gott Jesu Christi nichts zu tun. Wir müssen uns immer wieder sehr lange und sehr ruhig in das Leben, Sprechen, Handeln, Leiden und Sterben Jesu versenken, um zu erkennen, was Gott verheißt und was er erfüllt. Gewiß ist, daß wir immer in der Nähe und unter der Gegenwart Gottes leben dürfen und daß dieses Leben für uns ein ganz neues Leben ist; daß es für uns nichts Ungewöhnliches mehr gibt, weil es für Gott nichts Unmögliches gibt; daß keine irdische Macht uns anrühren kann ohne Gottes Willen, und daß Gefahr und Not uns nur näher zu Gott treiben; gewiß ist, daß wir nichts zu beanspruchen haben und doch alles erbitten dürfen; gewiß ist, daß im Leiden unsere Freude, im Sterben unser Leben verborgen ist; gewiß ist, daß wir in dem allen in einer Gemeinschaft stehen, die uns trägt. Zu all dem hat Gott in Jesus Ja und Amen gesagt. Dieses Ja und Amen ist der feste Boden, auf dem wir stehen.

118 *Brief des ehemaligen irakischen Premierministers aus dem Gefängnis*

Es war der Wille Allahs, des Erhabenen, daß ich am Leben bleiben und nicht gehängt werden sollte ... Nachdem ich dem Tod entronnen bin, fühle ich, als ob ich zu einer anderen Welt gereist und neu in die Welt der Lebenden zurückgekehrt wäre. ...
Es besteht kein Zweifel darüber, daß der Schrecken vor dem Tod einen jeden Menschen beherrscht, wenn er der Gefahr ausgesetzt ist. Denn der Mensch – wie jeder lebende Organismus – kämpft von Natur aus um das Überleben. Doch, was meinen Fall betrifft, so hatte ich neben der Todesangst noch ein anderes Gefühl: das der Tröstung und des inneren Friedens, das aus den folgenden Faktoren resultierte:

1) Ein tiefer Glaube (der nach der Revolution von 1958 noch intensiver wurde) an Allah, den Erhabenen, und Vertrauen, daß Sein Wille über alles herrschen wird ... Arm ist dasjenige Individuum, das keinen Glauben besitzt; denn es ist nichts als ein bankrottes Wesen, dem die größten Segnungen fehlen, welche die Menschheit adeln. Denn der Glaube gibt den Menschen die Versicherung spirituellen Überlebens, so daß er den Tod nicht zu fürchten braucht oder sich nicht um triviale Alltagsdinge kümmern muß.
2) Friede des Bewußtseins, der nach dem Glauben eine zweite Segnung im Leben ist. ... Klares Bewußtsein, das sowohl aus der Liebe und der Furcht vor Allah erwächst, ist der zweite Schatz, nach dem jeder Mensch streben sollte, wenn er Friede und Glück in diesem und im nächsten Leben begehrt.
3) Freunde ...

Glaube an Allah, klares Bewußtsein und loyale Freunde sind die drei Segnungen, die dem Leben Bedeutung und Wert verleihen. Sie geben uns Frieden und Tröstung in Zeiten der Krise und Bedrängnis. Diese drei Segnungen machen meine Botschaft aus, die ich aus der unmittelbaren Nähe des Galgens jenen mitteile, die ein freies und glückliches Leben begehren – ein Leben, das nicht mit dem physischen Tod endet, sondern danach erneuert wird.

⇨ 25–32, 67–73, 152–163, 164–178.

4 Institutionen

4.1 Einleitung

119 Interessen, die in Großgesellschaften zur Geltung gebracht werden sollen, unterliegen der Tendenz zur Institutionalisierung. Das gilt auch für die Religion. In ihren verschiedenen Ausformungen schaffen und stützen sich religiöse Interessen auf gesellschaftliche Strukturen, die der Durchsetzung ihrer Prinzipien förderlich sind.

Das auffälligste Beispiel religiöser Organisation ist die hierarchisch verfaßte katholische Kirche (123). Ihre Struktur mit Papst, Bischöfen und Gemeindepriestern bei deutlicher Unterordnung der ‚Laien' liegt bereits nach den ersten Jahrhunderten ihrer Geschichte so endgültig fest, daß jeder entscheidende Versuch sie zu ändern, immer auch den Bruch mit dieser Kirche selbst bedeutete. Seine Ursache hat das darin, daß den kirchlichen Ämtern in der katholischen Lehre dogmatisch ein so großer Stellenwert zuerkannt wurde, daß das Bekenntnis zum Christentum katholischer Prägung auch das Bekenntnis zur hierarchischen Struktur fordert: Der Papst wird theologisch als Stellvertreter Christi definiert und als solcher mit Unfehlbarkeit ausgestattet (130); der Priester trägt durch die sakramentale Weihe ein ‚unauslöschliches Siegel'; als Spender der Sakramente nimmt er eine der für das Heil der Gläubigen bedeutsamsten Funktionen wahr. Die Kirche wird als Braut Christi, Leib Christi, Volk Gottes definiert und als Hüterin und Lehrerin der Wahrheit heilsnotwendig.

Dazu lassen sich in anderen Religionen nur vereinzelt Parallelen finden (125–129); umso wesentlicher sind die Abweichungen. So sind etwa die Brahmanen im hinduistischen Kastensystem jene, die sich in den heiligen Schriften auskennen und wissen, wie Opfer darzubringen und die Riten zu verrichten sind; ihre Funktion gewinnen sie jedoch nicht allein kraft Weihe, sondern auch kraft Geburt. Sie teilen sich ihre Aufgaben im Religionssystem zudem mit den Gurus (religiösen Lehrern).

Die Stellung des Imams im Islam ist vergleichsweise eine sehr viel andere. Als Leiter des gemeinschaftlichen Gebets an einer Moschee ist er ebenso religiöser Beamter wie der Chatib (Prediger beim wöchentlichen Hauptgottesdienst am Freitag), der Kadi (Richter), der Mufti (Rechtsgelehrter) und der Muallim (Lehrer der Koranschule). Zwischen diesen und den Laien besteht kein grundsätzlicher Unterschied – so daß sich hier sehr viel eher Parallelen zum Protestantismus ergeben, der in seinen verschiedenen Erscheinungsformen das allgemeine Priestertum (122) zum Ausgangspunkt seiner Ämterlehre nimmt, das der Katholizismus wohl auch kennt, in seinem System jedoch praktisch nie *die* Rolle spielte wie im Protestantismus. Lutheraner wie Reformierte betonen zum Beispiel aus dem Gedanken des allgemeinen Priestertums bei sonst abweichenden Ämterbezeichnungen die Synodalstruktur. In der zunehmenden Betonung einer Mitverantwortung der Laien und Räte, in der Einführung von Synoden zeigt sich der Katholizismus in jüngster Zeit auch für solche Einflüsse offen. Er sucht dabei zugleich durch die Betonung von Laienfunktionen, Forderungen nach einer Demokratisierung entgegenzukommen – doch hat es darin der Protestantismus von seinen Voraussetzungen her sehr viel leichter.

Doch sind solche Öffnungen in bezug auf Annäherungen zu anderen Konfessionen in ihrer Bedeutung nicht zu unterschätzen. Denn die lehrhafte und organisatorische Vielfalt wird ganz besonders im Christentum oft als eine große Belastung angesehen; man sucht sie in ökumenischen Bestrebungen zu überwinden. Organisatorisch dient dem z. B. im Protestantismus der *Ökumenische Rat der Kirchen* (Weltkirchenrat) mit Sitz in Genf, der auch das Gespräch mit der katholischen Kirche sucht. Ähnliche Einheitsbemühungen gibt es übrigens auch in anderen Religionen, etwa im Buddhismus, wo z. B. seit 1952 eine *World Fellowship of Buddhists* existiert.

Diskussionsanstoß:

120 *Christus verkündete das Reich Gottes, gekommen ist die Kirche.*

Erläuterung: *Rabbiner*

121 Der Name kommt von Rabbi: mein Meister.

Vergleichbar einem Bischof, nimmt jedoch im Gegensatz zu diesem keine priesterlichen Funktionen wahr.

Er ist die oberste Autorität

a) in allen Fragen des Kultus,
b) zu allen Fragen der Jüdischkeit, d. h. Kultur, Ethik und Erziehung.

Außerdem ist er

c) in Sachen des Familienrechts (in den meisten Gemeinden) oberster Richter.
Auch zivile Streitigkeiten werden vor den Rabbiner oder ein Rabbinatsgericht (bestehend aus drei Rabbinern) gebracht.

Er ist

d) kein besoldeter Beamter oder Angestellter der Gemeinde, sondern erhält lediglich eine Entschädigung für seinen Zeitaufwand.

Er ist

e) Lehrer,
in der Neuzeit auch Prediger.

Allen Religionen kann man die Fragen stellen, wie sie es mit dieser Welt und ihren Gesellschaften halten wollen, und ob sie zur Respektierung anderer Glaubensgemeinschaften bereit sind. Mission (131–141), Toleranz und das Verhältnis zur Welt (142–151) sind daher nach grundsätzlichen Texten zum Wesen der Institutionen die leitenden Gesichtspunkte der folgenden Darstellung.

4.2 Theologische Bestimmung der Institutionen

Kirche im Protestantismus

122 Mit Recht wird von einer Gegenwart Gottes (des Heiligen Geistes) in der Kirche geredet. Das Selbstverständnis, das die Kirche von jeher hatte: daß Gott in ihrer Versammlung in einer besonderen Weise gegenwärtig sei und sie „regiere“, entspricht der Wahrheit.

Aber welcher Art ist diese Gegenwart des Geistes? – Sie ist nicht substanzhaft zu denken, sondern personal. Und „personal“ heißt hier – weil es um eine Gegenwart in einer Gemeinschaft geht –: inter-personal ... Der begnadete Mensch bewährt seine besondere Gnade („Charisma“) im dialogischen Umgang mit den anderen. – Die Gegenwart des Heiligen Geistes bedeutet: Präsenz im Dialog, im dialogischen interpersonalen Geschehen der Gemeinde. Der Dialog in der Gemeinde erfährt gewissermaßen durch Gott selbst eine bestimmte Ausrichtung und Steuerung, welche nicht einfach auf die Willkür der Menschen reduziert werden kann. Der in der Kirche (bzw. als Kirche) geschehene Dialog zwischen Menschen ist über den Willen der beteiligten Menschen hinaus offen für den Willen Gottes. Aus dieser Tatsache und dieser Form der Gegenwart Gottes in seinem Volk ergibt sich der reformatorische und heute auch in der katholischen Lehre von der Kirche stark betonte Gedanke des allgemeinen Priestertums aller Gläubigen: Alle haben an diesem Dialog, einem Dialog der Worte und des Lebens, selbst teil. Damit haben alle – indem der Dialog Gott in seiner Selbsterschließung und Nähe in der Welt zur Sprache bringt – teil an der Sendung der Kirche an die Welt, und zwar grundsätzlich alle gleichermaßen. Denn die Sendung der Kirche ist eine Sendung im Dialog: Die Bewußtseinsbildung, zu der die Kirche in die Gesellschaft gesandt ist, hängt daran, daß in ihrer eigenen Gemeinschaft das Heil der Menschen in dieser lebendigen Weise zur Sprache kommt.

Das Amt in der Kirche, sei es Priesteramt, Bischofsamt oder das Amt der ordinierten Prädikanten, wurde früher verstanden als ein Amt der Verwaltung und Austeilung von Heilsgnaden, welche nur in der Kirche erhältlich sind. Das kirchliche Amt wurde also in gewisser Weise als Vermittler der Gnade Gottes gedacht.

Nach unserem Verständnis der Sendung der Kirche besitzt die Kirche kein Heilsprivileg mehr. Sie ist nicht mehr privilegierte „Heilsanstalt", sondern ihre Sendung besteht in der Bewußtseinsbildung, im Sichtbarmachen und Vorleben des Heils als der wahren, auf Gott ausgerichteten Menschlichkeit ...

... doch verlangt auch ein neues Verständnis der Kirche, welche sich nicht an einem Heilsprivileg, sondern an der Sendung der Kirche in Welt und Gesellschaft orientiert, ein kirchliches Amt. Dies läßt sich folgendermaßen begründen: Die Sendung der Kirche an die Welt wird als Dialog der Kirche mit der Welt (das heißt mit den Menschen, den Zeitgenossen, über ihre jeweiligen wesentlichsten Anliegen) vollzogen. Damit wird das kirchliche Amt „umfunktioniert", aber es bleibt nichtsdestoweniger konstitutiv für die Kirche. Es ist notwendig, weil zum dialogischen Vollzug der Sendung der Kirche in der Welt der innere Dialog der Kirche gehört.

Kirche im Katholizismus

123 Christus liebt die Kirche als seine Braut; er ist zum Urbild des Mannes geworden, der seine Gattin liebt wie seinen eigenen Leib (vgl. Eph 5, 25–28); die Kirche ihrerseits ist ihrem Haupte untertan (ebd. 23–24). ‚Denn in ihm wohnt die ganze Fülle der Gottheit leibhaftig' (Kol 2, 9). Die Kirche, die sein Leib und seine Fülle ist, erfüllt er mit seinen göttlichen Gaben (vgl. Eph 1, 22–23), damit sie sich ausweite und gelange zu der ganzen Fülle Gottes (vgl. Eph 3, 19).

Der einzige Mittler Christus hat seine heilige Kirche, die Gemeinschaft des Glaubens, der Hoffnung und der Liebe, hier auf Erden als sichtbares Gefüge verfaßt und trägt sie als solches unablässig; ... Die mit hierarchischen Organen ausgestattete Gesellschaft und der geheimnisvolle Leib Christi, die sichtbare Versammlung und die geistliche Gemeinschaft, die irdische Kirche und die mit himmlischen Gaben beschenkte Kirche sind nicht als zwei verschiedene Größen zu betrachten, sondern bilden eine einzige komplexe Wirklichkeit, die aus menschlichem und göttlichem Element zusammenwächst ...

Dies ist die einzige Kirche Christi, die wir im Glaubensbekenntnis als die eine, heilige, katholische und apostolische bekennen. Sie zu weiden, hat unser Erlöser nach seiner Auferstehung dem Petrus übertragen (Joh 21, 17), ihm und den übrigen Aposteln hat er ihre Ausbreitung und Leitung anvertraut (vgl. Mt 28, 18 ff.), für immer hat er sie als ‚Säule und Feste der Wahrheit' errichtet (1 Tim 3, 15). Diese Kirche, in dieser Welt als Gesellschaft verfaßt und geordnet, ist verwirklicht in der katholischen Kirche, die vom Nachfolger Petri und von den Bischöfen in Gemeinschaft mit ihm geleitet wird. Das schließt nicht aus, daß außerhalb ihres Gefüges vielfältige Elemente der Heiligung und der Wahrheit zu finden sind, die als der Kirche Christi eigene Gaben auf die katholische Einheit hindrängen.

Diskussionsanstoß:

Einstellungen zur Kirche

124 „Der vom Glaubenseifer ergriffene Katholik sieht, sobald ihm die Schuppen von den Augen fallen, mit freudiger Überraschung die ewig jugendliche Braut des Herrn in derselben makellosen Schöne, in welcher sie die Väter sahen und die Enkel sehen werden, und, erhält er den Beruf, von ihr ein Bild zu entwerfen, so wird seine Freude nur durch die Besorgnis getrübt, unter der unendlichen Herrlichkeit des Urbildes zu weit zurückzubleiben."

In einer 1970 in München durchgeführten Befragung an Mittelstufen des Gymnasiums erklärten 30% sowohl der katholischen als auch der evangelischen Schüler, die am Religionsunterricht teilnahmen, sie lehnten die Kirche als Organisation ab. „30% würden, wenn es allein auf sie ankäme, jetzt schon aus der Kirche austreten, rund 32% möchten am liebsten von ihr in Ruhe gelassen werden und 34% können sich vorstellen, daß sie später aus der Kirche austreten."

Informationstexte:

Die islamische Umma

125 Die Umma wird im Koran als die beste Gemeinschaft beschrieben, die in Gottes Heilsplan vorgesehen ist: „Ihr seid die beste Umma, die unter den Menschen entstanden ist. Ihr gebietet, was recht ist, verbietet, was verwerflich ist, und glaubt an Gott" (Koran 3: 106). Die Mitglieder der Umma sind verpflichtet, nach Gottes Willen zu leben und sein Gesetz, die Sharia, zu achten. Der Mensch kommt Gott nahe, indem er an dem geschichtlichen Streben der Umma mitwirkt und so Gottes Reich auf Erden verwirklicht.

Sie ist eine Gemeinschaft, deren Zusammenhalt in erster Linie auf der Gottesfürchtigkeit ihrer Mitglieder beruht. Da aber die Muslime ihren religiösen Auftrag in dieser Welt nicht auf einen abgesonderten, sakralen Bereich des Lebens beschränken, umfaßt die Umma auch den staatlichen Bereich, ohne jedoch mit dem Staat identisch zu sein. Das Zusammengehörigkeitsgefühl innerhalb der Umma beruht folglich nicht nur auf der gemeinsamen Religion, Tradition und dem gemeinsamen Wertesystem, sondern umfaßt auch einen gemeinsam zu bewältigenden politischen Auftrag: die Durchsetzung des Willens Gottes und seiner Scharia in allen Lebensbereichen.

Heute hat die Säkularisierung in den islamischen Staaten zu einer gewissen Trennung von geistlichem und politischem Bereich geführt. Dennoch ist der Islam in fast allen diesen Staaten, selbst im marxistischen Südjemen, Staatsreligion. Und es gibt kaum einen gesellschaftlichen Bereich, sei es Wirtschaft, Finanzen, Straf-, Erb-, Staats-, Familien- oder Völkerrecht, in dem nicht politische und religiöse Argumentation eng beieinander stehen. Vor allem in politischen Krisensituationen sucht man bei der Religion Zuflucht. Aber die religiösen Denker begnügen sich nicht mit Denkschriften und „Hirtenbriefen", sondern es gibt auch offizielle Rechtsgutachten des Rektors der Kairoer al-Aszar-Universität und ähnlicher Autoritäten, die sich zu politischen und gesellschaftlichen Problemen in verbindlicher Weise äußern.

126 Umma basiert nicht auf einer Rasse, Sprache, Geschichte oder einem Land, sondern auf den ewigen menschlichen religiösen Prinzipien. In ihr verschmelzen Völker, Rassen und Farben zu einer familiären Bruderschaft, die alle umschließt. Zu ihr gehören arabische, fremde, östliche, westliche, weiße und schwarze Menschen. Die Umma steht jedem offen, der den Islam annimmt und nach seinen Geboten handelt.

Die arabische Umma konnte ihre bedeutende Rolle beim Aufbau der menschlichen Gesellschaft spielen, solange die Umma geeint war. Als die Bande ihrer nationalen Zusammengehörigkeit schwach wurden, ging ihre zivilisatorische Rolle zurück und die kolonialistische Aggression konnte die Einheit auflösen, ihr Land besetzen und ihre Güter rauben ...
Die Errichtung des Einheitsstaates ist der wirkliche Rahmen zu Vervollkommnung der Persönlichkeit der arabischen Umma und der Weg zur Ausübung ihrer wirkungsvollen Rolle in der internationalen Gesellschaft.

Informationstext:

Die jüdische Gemeinschaft

127 Judentum bezeichnet mehr als nur die jüdische Religionsgemeinschaft. Zur Teilhabe am geistlichen Israel tritt die Zugehörigkeit zum jüdischen Volk, seiner Geschichte, Kultur und Wertvorstellungen. Denn ähnlich wie der Islam kennt das Judentum nicht die Trennung der Welt in einen säkularen und sakralen Bereich. Der ganze Mensch ist gefordert, den Willen Gottes, der in der Tora offenbart ist, zu erfüllen: „Ihr sollt mir sein ein Königreich von Priestern und ein heiliges Volk“ (Ex 19, 6). Konkreter Ausdruck des göttlichen Willens sind die Mizwot, die religiösen Vorschriften, die Teil der Tora sind. Die Tora ihrerseits ist sichtbare Manifestation des Bundes, durch den Gott Israel erwählt hat.
Im Unterschied zur Gola (Diaspora) bilden heute in Israel Religions-, Volksgemeinschaft und Nation eine Einheit.
Aus organisatorischer Sicht stellt die autonome lokale Kultusgemeinde (kahal) die Norm dar. Basierend auf dem Freiwilligkeitsprinzip haben sich die orthodoxen, konservativen, liberalen bzw. reformierten Gemeinden zu entsprechenden nationalen Laienorganisationen zusammengeschlossen, denen nationale Rabbinervereinigungen entsprechen. Daneben gibt es noch internationale Zusammenschlüsse. In Ländern mit überwiegend orthodoxen Gemeinden – etwa Belgien, Frankreich, Großbritannien und Italien – ist ein Chief Rabbi nominelles Oberhaupt und offizieller Vertreter der jüdischen Gemeinschaften beim Staat. In Israel dagegen gibt es Ansätze zu einer Hierarchisierung: über den lokalen beamteten Rabbinern steht das Oberrabbinat. In der Bundesrepublik Deutschland bildet die autonome Einheitsgemeinde die Regel.

Der buddhistische Sangha

128 Die Funktion des buddhistischen Sangha ist eine doppelte: die bestmöglichen Voraussetzungen für die Entwicklung des Individuums zu schaffen und die Menschheit den Dhamma zu lehren. Erstere besteht im Vorbild kollektiven Lebens, das zum Nutzen der an ihm teilnehmenden Einzelnen eingerichtet wurde. Der Sangha Buddhas wurde dynamisch entwickelt. Seine ersten Konvertiten waren seine ersten Missionare, und von Anfang an flößte er seinen Anhängern seine eigene Hingabe an den Dienst für alle lebenden Wesen ein. Der Sangha war in der Tat das notwendige Medium, durch das er seine Lehre bekannt machen konnte. Wo Bücher unbekannt waren, wurden die Bhikkhus (Mönche) zu seiner wandernden Bibliothek, und durch sie allein konnte nach seinem Hinscheiden die Botschaft getreulich und weit verbreitet werden.
Als der Buddha lebte, war er das Oberhaupt des Ordens. Nach seinem Tode gab es niemanden, der sein Nachfolger hätte sein können, und bis zum heutigen Tage gibt es keinen Papst noch eine spezielle Gruppe von Leuten, die mit der Macht versehen wären zu erklären, was Buddhismus ist und was nicht. Jede Schule und später jedes Kloster (Vihara) innerhalb jeder Schule wählte sein eigenes Oberhaupt, das auf jeden Fall niemals mehr als nur der Erste unter

Gleichen war. Denn obgleich jeder Bhikkhu die Vorschriften betreffs der Armut und Keuschheit beobachtete, waren unwiderrufliche Gelübde unbekannt, und es gab niemals ein Gelübde oder eine Vorschrift bezüglich des Gehorsams. Jedes Kloster hatte die gleiche innere Disziplin, und ein Mönch konnte wegen Übertretung einer der vier großen Verbote aus dem Orden ausgestoßen werden. Alle kleineren Verletzungen der Gebote wurden feierlich bekannt, entweder von Mönch zu Mönch oder in der Versammlung, und eine Strafe entsprechend der Schwere der Gebotsverletzung konnte auferlegt werden. Aber nicht einmal der Mahanayake oder Bischof würde sich erdreisten, eine Vergebung auszusprechen, im Sinne eines Erlassens der Folgen einer Handlung, und die Absolution im katholischen Sinne war immer unbekannt.

129 **Die Organisation des Sangha in Sri Lanka (Ceylon)**

Sangha

(Im Unterschied zu Burma und Thailand gibt es kein religiöses Oberhaupt [Sangha raja].)
3 Sekten:

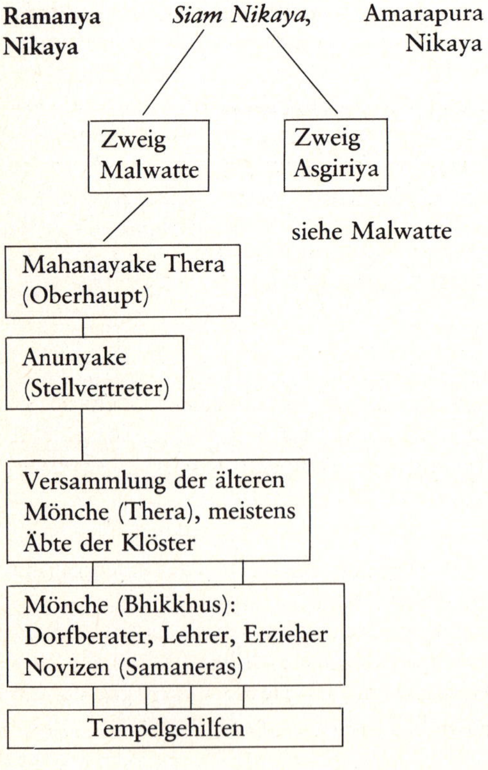

Unfehlbarkeit

130 Wenn der römische Bischof in höchster Lehrgewalt spricht (ex cathedra), das heißt, wenn er, seines Amtes als Hirt und Lehrer aller Christen waltend, in höchster apostolischer Amtsgewalt endgültig entscheidet (definit), eine Lehre über Glauben oder Sitte sei von der ganzen Kirche festzuhalten, so besitzt er aufgrund des göttlichen Beistandes, der ihm im heiligen Petrus verheißen ist, jene Unfehlbarkeit, mit welcher der göttliche Erlöser seine Kirche bei endgültigen Entscheidungen in Glaubens- und Sittenlehren ausgerüstet haben wollte. Diese endgültigen Entscheidungen (difinitiones) des römischen Bischofs sind daher aus sich und nicht aufgrund der Zustimmung der Kirche (ex sese non autem ex consensu Ecclesiae) unabänderlich (irreformabilis).

4.3 Mission

131 Christen werden sich immer Rechenschaft ablegen über ihre Motive zur Mission: Dabei ergeben sich verschiedene Gesichtspunkte:

– Mission ist die *Fortsetzung der Heilsgeschichte*, die mit dem Volk Israel begann, in Christus ihren Höhepunkt erreichte und erst am Ziel ist, wenn die befreiende Botschaft von Christus alle Menschen erreicht hat. Die Ausbreitung ist die Aufgabe der Kirche – sie ist Gottes Wille und deshalb der verborgene eigentliche Sinn der Weltgeschichte. (Apg 2, 14–36)

– „Wes das Herz voll ist, des geht der Mund über“ (Mt 12, 34).
– Alle Menschen werden einst Christus, dem Richter, begegnen. Mission hat deshalb die Aufgabe, diesen Horizont des Gerichtes aufzuzeigen und den Weg zu weisen, auf dem die Menschen durch den Glauben an Christus zum ewigen Leben gelangen.
Christus ist der Mensch, wie ihn Gott haben will, wie er in der Schöpfung angelegt ist. Mission hat die Aufgabe, vermenschlichend zu wirken.
– Annahme des christlichen Glaubens ist gleichzeitig Absage an die bisherigen Götter. Zauberei und Aberglaube verbreiten Angst, durch den Glauben an Christus kann dieser Bann gebrochen werden. Wer an Gott, den Schöpfer glaubt, braucht sich nicht vor Geistern in der Natur zu fürchten, er kann in Verantwortung vor ihm sich ‚die Erde untertan machen‘. Mission ist auch Entwicklungshilfe.
– Entwicklungshilfe führt zu größerer Zivilisation, zu technologischem Fortschritt, kann aber die Sinnfrage nicht beantworten. Was soll nun an die Stelle der alten Kulte treten, die dem Menschen eine Sinndeutung seines Lebens und der Welt vermittelten? Hier liegt eine Aufgabe der Mission. Sie zeigt denen, die den alten Kulten entfremdet sind, einen Glauben, der sich angesichts der Zivilisation bewährt.

132

„Aber mein Sohn, das ist doch nichts zum Essen!“

Diskussionsanstöße:

133

Wie man mit einer Leiter
oder mit einem Bambusstab
oder mit einer Treppe
oder mit einem Seil
auf das Dach eines Hauses gelangen kann,
so gibt es verschiedene Wege,
Gott zu erreichen.
Jede Religion der Welt
zeigt einen dieser Wege.

134 Wenn es auch sogenannte Götter gibt, sei es im Himmel oder auf Erden, wie es ja viele Götter und viele Herren gibt, so existiert für uns nur ein einziger Gott, der Vater, aus dem alles ist und für den wir sind, und ein einziger Herr, Jesus Christus, durch den alles ist und wir durch ihn.

Auch ein Diskussionsanstoß:

135 „Das Christentum ist Tarnung für politische Zielsetzungen; seine drei Seiten sind Politik, Handel und imperiale Expansion. Seine Waffen sind die Bibel, Whiskyfässer und Gewehrkugeln. Es ist eine Religion der ethischen Widersprüchlichkeiten. Der alte Kriegsgott der Juden ist mit dem Tarngott der Liebe gepaart. Seine Merkmale sind die eines ausgesprochenen Autokraten, der zahllose Millionen von Menschen auf ewig in eine Feuer- und Schwefelhölle schickt.“

136 Die missionarische Tätigkeit kann ... ihrem Wesen entsprechend definiert werden als die *‚Ausbreitung der Kirche über ihre je faktische Präsenz in der Menschheit hinaus‘*. Die Aktivität der Kirche muß sich also auf die menschli-

chen Gemeinschaften (soziale Schicht) und, genauer, auf die Glaubensgemeinschaften (sozio-religiöse Sicht), mit anderen Worten auf die jeweilige sozio-religiöse Welt beziehen. Das intensive oder qualitative Wachstum der Kirche zeigt sich im Einzelnen wie auch in den Gemeinschaften durch die Verchristlichung der verschiedenen Lebensbereiche. Ausgehend vom Akt des Glaubens und der Taufe, werden nicht nur die Lebensgewohnheiten, sondern auch das Recht, das Gefüge der sittlichen Werte und die sakrale Welt des Einzelnen und der Gesellschaft durch die christliche Struktur umgestaltet. Die Ausbreitung der Kirche durch die Mission ist – so gesehen – identisch mit der umfassenden Wieder-Geburt eines Menschen, einer Gesellschaft oder einer ganzen ‚Welt‘. Die Ausbreitung ist die der Kirche. Die Mission geht von der Kirche aus, sie wird durch die Kirche, für die Kirche durchgeführt, und ihr Ziel ist die Kirche in dieser Welt selbst.

137

138 Neue Wege der ‚Mission‘:

Hilfe für viele Moslems

Katholische Christen in Köln kümmern sich um Türken und Araber

„Rat und Hilfe in praktischen Lebenslagen“ brauchen die Moslems, weil sie, wie der Leiter von Ökni, Pater Werner Wanzura, feststellt, zu neunzig Prozent nicht deutsch sprechen. Sie können sich nicht vor Gericht äußern, keine Anträge ausfüllen, wie etwa den für den Lohnsteuerjahresausgleich, ihre Kinder an den Schulen anmelden oder sich gegen rabiate Vermieter wehren.

Werner Wanzura (36) gehört zur „Gesellschaft der weißen Väter“, einer mit islamischen Fragen besonders vertrauten ordensähnlichen Gemeinschaft, Er arbeitet mit fünf Angestellten zusammen.“

Dem Team zur Seite stehen zwölf ehrenamtliche Hilfskräfte, unter anderem ein Rechtsanwalt, Dolmetscher, ein Steuerprüfer sowie Studenten.

Dort wird der „Dialog zwischen Moslems und Christen“ gesucht, wie es Pater Wanzura formulierte. Energisch weist der Geistliche Vermutungen zurück, daß er und sein Team die Türken und Araber zum christlichen Glauben bekehren wollen: „Zu Anfang hatten viele Besucher dieses Mißtrauen. Wir konnten sie jedoch überzeugen, daß das nicht unsere Absicht ist.“ Die Stelle sei eingerichtet worden, weil die Masse der Moslems selten mit Christen zusammenkomme.

Das habe sich mittlerweile geändert, meint der Pater. Zu Anfang hätte „Ökni“ wenig Besucher gehabt. Im letzten Jahr jeoch kletterte die Zahl derer, die regelmäßig kamen, auf 2000.

[Kölner Stadtanzeiger vom 21. 2. 78, S. 20 mit Auslassungen]

Die islamische Da’wa

139 Allah, subhanahu wa ta‘ala (‚Er sei gepriesen und erhaben‘) hat dem Muslim geboten: „Rufe die Menschen auf dem Wege deines Herrn mit Weisheit und schöner Ermahnung und disputiere mit ihnen, wie es am besten ist.“ (Koran 16:125) Da‘wa ist die Befolgung dieses Gebots, „Die Menschen auf den Weg zu Allah zu rufen.“ ... „Aufrufen“ hat zweifelsohne

nichts mit zwingen zu tun. Allah (s. w. t.) hat geboten: „Es soll kein Zwang sein im Glauben.“ (Koran 2:256) Es ist eine Aufforderung, deren Zweck nur bei freier Zustimmung des Gerufenen erreicht werden kann. Da ihr Zweck die Entscheidung des Gerufenen für die Erkenntnis ist, daß Allah der Schöpfer, Gebieter, Herr und Richter ist, ist eine erzwungene Entscheidung, eine contradictio in adjecto, und daher mit dschahannam, also mit der Hölle, zu bestrafen. Die humanistische Ethik betrachtet erzwungene Da'wa als eine so schwerwiegende Verletzung der menschlichen Persönlichkeit, daß sie unmittelbar nach Mord rangiert, sofern sie ihm nicht sogar gleichzusetzen ist. Das ist auch der Grund, warum der Koran die Art der anzuwendenden Überredungsmittel im einzelnen festgelegt hat. „Disputiere mit ihnen (den Nicht-Muslimen), wie es am besten ist.“ (16:125) Wenn sie nicht überzeugt sind, dann müssen sie in Ruhe gelassen werden. ...

Indem er die Da'wa ergehen läßt, geht der Da'iya (der Rufer) nicht wie der Botschafter eines autoritären Systems vor, sondern wie ein Mitdenker, der mit dem Mad'uw (dem Gerufenen) zusammenwirkt im Begreifen und der Würdigung von Allahs zweifacher Offenbarung, der in der Schöpfung sich widerspiegelnden und der Seinen Propheten zuteilgewordenen.

Der Islam ist Din al-Fitra (religio naturalis, die natürliche oder die anerschaffene Religion), er ist im Menschen von Natur aus bereits in seiner Gesamtheit vorhanden. Er ist ihm sozusagen als natürlicher Bestandteil des Menschen angeboren. Der Mensch, der kein homo religiosus, und folglich homo islamicus ist, ist nicht wirklich ein Mensch. Der Muslim kommt zum Nicht-Muslimen und sagt: „Wir gehören zusammen, wir sind eine Familie vor Allah, und Allah hat dir die Wahrheit nicht nur in dir selbst, sondern auch innerhalb deiner religiösen Überlieferung und Tradition gegeben, die von Rechts wegen besteht, weil sie ihren Ursprung in Gott hat.“ ...

Zum Vergleich:

140 Der Katholik muß die Kirche erfahren und erleben als den „Vortrupp“, das sakramentale Zeichen, die geschichtliche Greifbarkeit einer Heilsgnade, die weiter als die soziologisch faßbare, die „sichtbare“ Kirche greift, einer anonymen Christlichkeit, die „außerhalb“ der Kirche noch nicht zu sich selbst gekommen ist, „drinnen“ in der Kirche aber „bei sich“ ist. ...

Der Christ wird die Nichtchristen nicht als die Nicht-Christen ansehen, die, weil sie nicht Christen sind, außerhalb des Heiles stehen, sondern ... als anonyme Christen, die nicht wissen, was sie in der Tiefe des Gewissens durch die Gnade eigentlich sind.

Mission aus jüdischer Sicht

141 Nun ist es eine legitime Frage, was denn die Juden eigentlich von der Mission unter Nichtjuden halten. Gibt es heute bei Juden eine Christenmission? Für die heutige Zeit kann man das gewiß verneinen. Es kann zwar jeder, der es wirklich wünscht, Jude werden, aber wir betreiben keine aktive Mission. Das war allerdings nicht immer so. Die Propheten sahen der Zeit entgegen, wo sich alle Menschen zu dem einen Gott Israels bekehren würden, und die Evangelien werfen den Juden vor, sie würden über Land und Meer ziehen, um einen Konvertiten zu gewinnen. Jüdische Apostel zogen auf denselben Missionswegen, die später von christlichen Missionaren begangen wurden, und die Bekehrung ganz Europas zum Judentum war einmal eine ernsthafte Möglichkeit. Das wissen wir sowohl aus jüdischen wie auch aus nichtjüdischen zeitgenössischen Quellen. Die Rabbinen betrachteten Erzvater Abraham und seine Frau Sara als die ersten Missionare, und die Zerstreuung Israels unter die Völker war für sie ein von Gott gewollter Segen, um die Heiden zum Gott Israels zu führen. Die siegreiche Kirche machte allerdings nach dem

Konzil zu Nizäa die jüdische Mission unter Nichtjuden unmöglich. Hohe Strafen erwarteten sowohl den Missionar wie den Konvertiten. Allmählich vergaßen die Juden, daß sie einmal aktiv die Heidenmission betrieben hatten, und heute wissen das eigentlich nur noch die Experten. Der Durchschnittsjude ist der Meinung, Mission hätte es bei Juden niemals gegeben.

Wenn ich es so recht verstehe, geht die Tendenz in der heutigen Welt dahin, missionarische Bestrebungen mehr und mehr auszuschalten oder in Zielrichtung und Methode radikal zu verändern. So betrachten auch die Völker der Dritten Welt die Mission mit Recht als eine Art imperialistischen Erbes und wehren sich gegen eine oft überhebliche Besserwisserei. Insbesondere sind Praktiken, die das Lehren von Glaubenswahrheiten mit handfesten materiellen Vorteilen für die Konvertiten verbinden, als unmoralisch und mit der menschlichen Würde unvereinbar zu betrachten. Leider haben sich die meisten Missionsgesellschaften in der Vergangenheit eben solcher Praktiken nur allzu gerne bedient. Überhaupt ist die Überzeugung, die alleinige Wahrheit zu besitzen, für viele Menschen anstößig geworden. Sie sehen hierin einen elitären Zug, der auch oft genug dazu mißbraucht wurde, Herrschaftsstrukturen aufzurichten oder zu festigen.

4.4 Weltverständnis der Religionen

142 Die Weltreligionen sind auf eine Zukunft hin orientiert, die diesem Dasein gegenüber das total Andere bedeutet: das Reich Gottes in den prophetischen Religionen Judentum, Christentum und Islam, Erlösung durch Seelenwanderung oder Aufgehen im Nirvana in Hinduismus und Buddhismus. Aufgrund dieser Perspektive kennen diese Religionen gewöhnlich einen deutlichen Vorbehalt gegenüber den jeweils bestehenden weltlichen Ordnungen. Sie lassen es deshalb häufig auch offen, wie die Gesellschaft im einzelnen gestaltet sein könnte. In Anbetracht einer gänzlich anderen Zukunft wird zudem jede konkrete gesellschaftliche Ordnung relativiert; zugleich lassen sich aus den religiösen Prinzipien gewöhnlich sehr verschiedene Leitbilder für Gesellschaft entwerfen (133–138). Die düsteren Zukunftsperspektiven, denen die Welt sich heute ausgesetzt sieht, verlangen allerdings auch von den Religionen Antworten, die sich nicht nur mit dem Hinweis auf die letzten Dinge begnügen (140, 141).

Aspekte aus dem Verhältnis der Religionen zur Welt

143 Das Gift des weltlichen Lebens wird unwirksam, sobald wir begreifen, daß alles in Gott verhüllt ist. Seine Bedeutungslosigkeit wird unwirksam. Seine Fesseln können uns nicht festhalten, und kein Raum bleibt für Eigennutz und Gier, sobald wir nur alle Freuden als Gaben Gottes empfangen. Diese Adelung von Arbeit und Freude durch die Beziehung auf den Höchsten ist ein ursprünglicher Ansatz der indischen Gesellschaftsordnung. Auf diese Weise suchte Indien die menschliche Seele zu befreien.

144 Die Verwandlung des Bestehenden ist das Ziel der Christen und Juden. Aber sie machen sich auf verschiedene Weise daran. Ein Christ fängt mit der Rettung seiner Seele an und endet bei der Rettung der Welt, vorausgesetzt, er ist nicht beim Pietismus stehengeblieben und hat die

Welt vergessen und sich zur Heiligkeit emporgearbeitet. Der Jude versucht die Welt zu verändern und merkt, daß er sich während des Prozesses selbst erlöst. Auch sein Fortschritt kann aufgehalten werden, und anstatt über Gerechtigkeit zur Heiligkeit zu gelangen, endet er bei der Politik.

145 Der Erwartungshorizont, in welchem eine christliche Lehre vom Handeln entfaltet werden muß, ist der eschatologische Erwartungshorizont des Reiches Gottes, seiner Gerechtigkeit und seines Friedens mit einer neuen Schöpfung, seiner Freiheit und Humanität für alle Menschen. Allein dieser Erwartungshorizont, der prägend die Gegenwart ergreift, führt den Hoffenden und Gesendeten in Widerstand und Leiden an der unzureichenden Gegenwart hinein, stellt ihn in Konflikt mit der gegenwärtigen Gestalt der Gesellschaft und läßt ihn das ‚Kreuz der Gegenwart' (Hegel) finden.

146 Das Christentum hat drei Jahrhunderte lang, bis zu Konstantin, unter dem Staat gelitten und sich auf sich selbst zurückziehen müssen; bis heute sind darum gewisse Bereiche des Lebens aus der Religion ausgeklammert: Handel, Wirtschaft, Recht usw. Niemand findet etwas dabei, wenn ein Unternehmer, obgleich Christ, sich in seinen Geschäftspraktiken hemdsärmelig benimmt; im Islam waren – und sind z. T. noch – Kaufverträge, Partnerschaften usw. durch das religiöse Gesetz geregelt. Christliche Politik steht immer unter dem Odium der Heuchelei; im Islam sind Staat und Religion von Anfang an eine Einheit. Für einen Christen bestätigt sich religiöse Haltung vor allem aus der inneren Erfahrung, dem ‚Gewissen'; je westlicher er ist und je gebildeter, desto mehr wird er seinen Glauben im ‚stillen Kämmerlein' ansiedeln. Nach *außen* hin übt er seine Religion nur in bestimmten Bereichen: im guten Benehmen gegen andere Menschen, in moralischer Wohlanständigkeit, vielleicht auch in sozialer Tätigkeit und im Kirchgang am Sonntagmorgen; im übrigen jagt ihn die Furcht vor Verweltlichung und Augendienerei. Der Muslim dagegen redet nicht von Innerlichkeit; ein Gebet im stillen Kämmerlein kann nie das rituelle Gebet ersetzen und ist ihm darum auch zumeist gleichgültig. Ihn interessieren Kult und Gesetz, politische Theorie und religiöses Reglement des täglichen Lebens, und all dies ist für ihn Islam, bis hin zu Etikette und Hygiene.

Diesseits und Jenseits im Islam

147 Als Gemeinschaft und als Individuum haben sie [die Muslime] sowohl das Paradies jenseits dieser Welt als auch innerhalb der Geschichte gesucht – eine Form der Gesellschaft, von der sie glauben, daß sie der persönlichen Vorbereitung für jenes Paradies und gleichzeitig dem irdischen Schauplatz gerecht wird und damit für den Einzelnen für das Jenseits und für die Gemeinschaft für das Diesseits angemessen ist. Mit den Christen haben sie die Überzeugung geteilt, daß die zuerst genannte im Grunde wichtiger ist, d. h. sie haben geglaubt, daß der Lauf der Geschichte als ganzes gesehen letztendlich weniger bedeutsam als die Qualität des persönlichen Lebens ist. Jedoch haben sie sich auch den Marxisten in ihrer Überzeugung genähert, daß der Verlauf der Geschichte und die soziale Gestalt, die sie annehmen kann, erheblich wichtig sind für das persönliche Leben, das sich darin abspielt. Ebenso sind sie überzeugt, daß der Struktur und der Entwicklung dieser Welt ein geordneter Verlauf und eine richtige soziale Ordnung innewohnt und daß die Geschichte ihre Bedeutung durch das Maß erhält, in dem diese aktualisiert werden. Auch sind sie der Ansicht, daß diejenigen, die die notwendigen Gesetze erkennen, die Verantwortung auf sich nehmen und die Aktualisie-

rung durchführen und somit der Geschichte zu ihrer unabdingbaren strahlenden Erfüllung verhelfen.

Heilige Materialisten

148 Wir Juden fühlen uns ... mit allen verbunden, die an Träumen arbeiten und planen und sich plagen für das Kommen des Reiches (Gottes). Unsere Sympathie gilt den Träumern, die ... leidenschaftlich am Detail interessiert sind, wie es die Tora fordert, die nicht nur in Cafés und Versammlungsräumen davon reden, sondern sie auch ausführen und das Schöpfungswerk fortführen. Wir teilen die Spannung aller Erbauer von Utopia. Ein religiöses Band verbindet uns mit den Utopisten, den Anarchisten, den Reformern, den Mitarbeitern und den Kollektivisten. Sie stehen uns auf ihre Weise so nahe wie die Christen, denn unter allen religiösen Völkern sind wir Juden die heiligen Materialisten. Wir lieben und achten die Materie, aus der wir geformt wurden, und wir wissen, daß, wenn wir ihr nicht in Heiligkeit nahen, wir sie mißbrauchen und die Welt verderben. Arbeit also beherrscht die jüdische Welt. Juden gebrauchen die Arbeit auf dreierlei Weise: um sich zu heiligen, um sich vor sich selbst und vor anderen Leuten zu schützen und um von Gott wegzulaufen. Arbeit ist ein Mittel, um Gott zu begegnen, und gleichzeitig, um Ihm auszuweichen.

Fortsetzung des Schöpfungswerks?

149 Wort des Abwesenden Gottes
was rufst du um hilfe, törichter? Ich helfe dir nicht. du hast dir selbst geholfen.
erwählt, geprüft, verbündet mit der allmacht, wie du sie verstehst, hast du aus deiner winzigen weltecke die erde erobert. du hast die zeichen deines sieges und die zeichen der vernichtung in die flanken der berge, in den schoß der erde, auf die linien des wassers geschrieben.
und nun, da du mit deiner siegerfahne auf den leichen stehst, da du dich einsam fühlst und von der zukunft verlassen, willst du von Mir die alten verheißungen einfordern.
warum forderst du? Ich fordere nichts von dir.
Ich fordere Meine blauwale, Meine laufvögel, Meine schmetterlinge und zedern nicht zurück, Meine flüsse und Meine kohle ...
sie gehören alle dir. du stehst auf ihnen, du hast ihre kadaver in die brunnen deiner welt geworfen und klagst nun, daß das wasser faul ist.
was habe Ich dir versprochen, was du dir nicht selbst holen wolltest?
du hast geschrien: geh fort, solange Du da bist, bin ich ein untertan, Du kannst nicht wollen, daß ich untertan bin.
Ich ging also fort, Ich gab dich frei. Ich bin abwesend, weil du es so willst. was schreist du also, daß du in Meinem auftrag gehandelt, daß du Mir vertraut hast? Ich habe dir alles überlassen – auch die vorsorge für dich selbst.
aber was hast du mit Meiner abwesenheit gemacht?

Umwelt und Mensch im Buddhismus

150 Wenn die Natur zum Gegenstand der Gier, des Geizes und der besitzergreifenden Instinkte des Menschen wird, ist eine wohlwollende Haltung gegenüber der Natur nicht möglich. Der vergewaltigende und aggressive Umgang mit der natürlichen Welt wird von des Menschen Gier nach kurzfristigem und spektakulärem Erfolg genährt, ohne Rücksicht auf langfristige Konsequenzen zu nehmen, sei es für ihn selbst oder für eine nachfolgende Generation. Probleme der Umweltverschmutzung, Erschöpfung von Naturreserven, Probleme, die Ressourcen wie die fossilen Brennstoffe, die nicht erneuert werden können, betreffen, die Zerstörung der Dorfgemeinschaften und das Wachs-

tum wildwuchernder urbaner Gemeinschaften – diese Phänomene sind zutiefst eine Folge des Fehlens einer ernsthaften Naturzuwendung des Menschen.

Der Buddha bezieht sich im besonderen Maße auf den „Reichtum, der durch energisches Streben erworben wurde, angehäuft durch der Hände Kraft, gewonnen durch Schweiß und rechtmäßig erworben.“ Aber die exzessive Beherrschung der Persönlichkeit durch Gier jeder Art wirkt zerstörerisch auf die Entwicklung einer gesunden Gesellschaft. Maximale Produktion sollte nicht das Ziel sein, sondern vielmehr die optimale Entwicklung des Menschen. Ökonomische Entwicklung muß auf dem größeren Hintergrund der Notwendigkeit erfolgen, eine umfassende Persönlichkeit und einen glücklichen Menschen zu entwickeln.

Die Kirche vor den Aufgaben der Zukunft

151 Die mögliche Selbstzerstörung der Menschheit geht die Kirche zentral an. Trifft die pessimistische Prognose zu, zu der viele Zeitgenossen, Zeitkritiker, Kulturphilosophen und auch einzelne Politiker neigen, so ist der jesuanisch-christliche Impuls endgültig gescheitert, und die apokalyptische Möglichkeit wird Wahrheit: Die böse Menschheit verfällt dem Gericht, die Schar der kleinen Herde ist in einer schrecklich eindeutigen Form der Frage nach dem barmherzigen Gott ausgeliefert, der dann die Scherben der Geschichte zusammenzukehren hätte: ‚Die Menschen wollten die menschliche Erde nicht – nun muß ich mich trotzdem ihrer erbarmen.‘ Den Kampf gegen die Selbstzerstörung zu führen, mögen die Aussichten groß oder gering sein, heißt das Gericht aufhalten und Gott die Chance geben.

Diese zur Selbstzerstörung versuchte Welt ist sodann die eine Welt. Die Kirche muß es plausibel finden, daß die nationalen und regionalen Kulturen an die Grenze ihrer – schätzenswerten – Autonomien stoßen.

Das neue positive Bewußtsein dieser zusammenwachsenden Menschheit könnte man durch die miteinander verschränkten Imperative der Sensibilisierung und der Solidarisierung der Menschen und der Menschheit bezeichnen. Reaktionär wirkt die Kirche überall dort, wo sie eines dieser Grundmotive der positiven Menschheit oder gar beide behindert. Sie hat ihnen und ihrer Verbindung zu dienen.

⇨ 8, 9, 14, 15, 75–81, 97–108, 195–205.

5 Praxis

5.1 Einleitung

Wortfeld *glauben:*

152 meinen, vermuten, annehmen, für wahrscheinlich halten, für wahr halten;
überzeugt sein, felsenfest überzeugt sein, gegen besseres Wissen annehmen;
zuversichtlich sein, Zutrauen zu jemandem oder etwas haben;
Vertrauen in jemanden oder auf etwas setzen;
Abergläubiger, Christgläubiger, Kreditgläubiger;
Glaubwürdigkeit, Auf Treu und Glauben, Kleinglaube, Glaubenspflicht, Glaubenseifer, Glaubensstärke, Glaubensbekenntnis.
Der Glaube kann Berge versetzen.
Wer's glaubt, wird selig.

153 Welche Rolle kommt dem Glauben in den nichtchristlichen Religionen zu? Vergleichen wir unter dieser Fragestellung die nichtchristlichen Texte mit denen aus dem Christentum (154, 155), so gelangen wir zunächst zu der Erkenntnis, daß Glaube ganz offensichtlich eine wesentlich christliche Vokabel ist, die z. B. vom Buddhismus mit Entschiedenheit abgelehnt wird (157). Hier beschreitet der Einzelne den Weg der Selbst-Erlösung im *Vertrauen* auf Buddhas Lehre. Erlösung meint das Eingehen in das *Nirvana* („Verwehen", „Verlöschen" – gleich dem Verlöschen einer Kerze, deren fester Zustand durch den Brennvorgang in einen neuen, gasförmigen Zustand übergeht). Den Göttern, deren Existenz der historische Buddha nicht geleugnet hat, wird folglich keine Heilsbedeutung zugesprochen. Sie leben zwar in glücklicheren Umständen als die Menschen, sind aber wie diese als unvollkommene und unerlöste Wesen dem Kreislauf der Wiedergeburten (samsara) unterworfen. Sobald die guten Taten (karma), aufgrund derer sie zu Göttern wurden, abgegolten sind, müssen sie die göttliche Existenzform aufgeben. Die Möglichkeit des Eintritts in das Nirvana ist nur dem Menschen gegeben. Es sollte jedoch nicht übersehen werden, daß in buddhistischen Ländern allenthalben Gottheiten verehrt werden. Überdies werden im Mahayana-Buddhismus vielfach die Götter anderer Religionen neben Buddha Gautama und anderen Buddhas als Offenbarungsformen des ewigen absoluten Ur-Buddha, der höchsten Wirklichkeit, die hinter den mannigfaltigen Gestaltungen der Erscheinungswelt steht, angesehen. Eine weitere Besonderheit des Mahayana-Buddhismus besteht darin, daß er auch jenen, die den klassischen Weg der Selbstdisziplin, Intelligenz und Konzentration nicht beschreiten können, einen Weg zur Erlösung weist, der im Ergreifen des Mitleids (karuna) der Bodhisattvas (58–60, 163) oder der Gnade transzendenter Buddhas besteht. Letzteres finden wir in ausdrucksvoller Form im japanischen Amida-Buddhismus, in der „wahren Sekte des Reinen Landes" (Jodo Shinshu; 163). Die mit Amida, dem Buddha des paradiesischen „Reinen Landes", verbundene Frömmigkeitshaltung basiert auf einem pessimistischen Geschichtsbild: Nach Gautamas Tod herrschte die reine Lehre 500 Jahre, hierauf folgte eine tausendjährige Zeit der Lehrverfälschung. Diese wurde abgelöst von den „letzten Tagen des Gesetzes" (mappo), in denen die Lehre Gautamas für die Dauer von 10000 Jahren korrumpiert und schließlich zum Erliegen kommen wird. Aus eigener Kraft kann daher der Weg der Erlösung nicht mehr beschritten werden, sondern nur im „*Vertrauen* auf die Kraft des Anderen" (Amidas), d. h.

durch das Namu Amida Butsu, den „*Glauben* in den Erleuchteten des unendlichen Lichtes und Lebens". Amida wird zu einer Heilsgottheit, deren Gnade Gläubige und Ungläubige erfaßt. Es ist ersichtlich, daß Glaube und Vertrauen sich eng berühren.
Setzen nicht auch wir Christen auf Gottes Treue, wenn wir uns im Gebet vertrauensvoll an ihn wenden? Wenn Christen, Muslime und Juden von Gott reden (154–156, 158, 160, 161), dann sprechen sie jedoch von einer Wirklichkeit, die nicht unmittelbar und empirisch erhoben werden kann und sich wissenschaftlichen Verfahrensweisen als unzugänglich erweist. Und doch ist diese qualitativ völlig andere Wirklichkeit für den Menschen eine Realität von höchster existentieller Bedeutung. Die Gewißheit, mit der sich Juden, Christen und Muslime ihrem Gott zuwenden, hat, ungeachtet sprachlicher Unterschiede, ihre Wurzel letztlich im Glauben.
In ähnlicher Weise gilt auch von Mose, Muhammad und Buddha, daß sie zwar im geschichtlichen Sinne Religionsstifter sind, die ihnen jeweils zugesprochene Heilsbedeutung sich jedoch einer objektiven Beurteilung entzieht. Gewißheit vermittelt hier wieder nur der jeweilige Glaube. Um diesen geht es auch in den 13 Glaubensartikeln (159) des Moses Maimonides (1135–1204), des bedeutendsten jüdischen Religionsphilosophen des Mittelalters. Mit der Aufzählung der religiösen Anschauungen des Judentums grenzt er dieses von Islam und Christentum ab; seine Glaubensartikel erfüllen aber dennoch dieselbe Aufgabe wie die christlichen Glaubenssymbole: sie dienen der Festigung des Glaubens. Für das orthodoxe Judentum sind diese Glaubensartikel auch heute noch wesentliches Unterscheidungsmerkmal, was sowohl andere Religionen als auch konfessionelle Unterschiede innerhalb des Judentums betrifft.
Auch vom theravadabuddhistischen Glaubensbekenntnis (162), das am Anfang der täglichen Klosterliturgie steht, gilt, daß es Glauben voraussetzt. Denn Buddha steht hier nicht nur für den historischen Buddha, sondern auch für die von ihm geschaute Wahrheit (Dharma), für die zeitlose Gegenwart seines Wortes und für die zeitlose Buddhaschaft und wird so zu einem Symbol des jenseitigen Nirvana (s. o.). Dharma ist Inbegriff der Lehre Buddhas, darüber hinaus die uranfängliche, universelle und zeitlose Wahrheit, die in allen sichtbaren und unsichtbaren Dingen enthalten ist. Dharma ist auch der Weg, den die verschiedenen Buddhas gegangen sind. Sangha (128, 129) bezeichnet die Gemeinschaft der Mönche und Nonnen, die sich des Selbst entledigen und sich – nach dem Vorbild der Erleuchtung Buddhas – um die intuitive Erfahrung der „Vier edlen Wahrheiten" bemühen. Letztlich ist der Sangha eine zeitlose gemeinschaftliche Qualität, allen wahren Jüngern zu eigen, die sich um die spirituelle Vollendung bemühen – im eschatologischen Sinne bereits das Nirvana.

5.2 Das Fundament von Kult und Ethik: der Glaube

Glaube in katholischem und evangelischem Verständnis

154 Von Gott ist in der Theologie die Rede, insofern er sich dem Menschen in seinem Wort erschlossen hat, und dieses Wort im Glauben angenommen wird. Die gegenständliche Ausrichtung des Glaubens auf Gott kann auf dieser Stufe einer ersten Reflexion sehr gut durch die augustinische Formel: *credere Deo, credere Deum, credere in Deum*, ausgedrückt werden. Diese Formel läßt eindrücklich den personalen Charakter des Glaubens hervortreten. Zunächst wird nicht „Etwas" geglaubt, sondern es wird jemandem Glauben geschenkt. Glauben im theologischen Sinn heißt also: credere Deo, insofern Gott jener ist, dem wir in seinem Zeug-

nis und aufgrund seines Zeugnisses glauben; credere Deum, insofern Gott letztlich sich selber dem Menschen mitteilt, so daß wir ihn glauben; credere in Deum, insofern sich der Mensch im Akt des Glaubens ganz Gott anheimgibt und sich im voll verwirklichten Glauben vertrauend und liebend auf Gott hinbewegt. Glaube ist also in dieser dreifachen Weise auf Gott bezogen. Damit stellt sich freilich die Frage, wie sich denn der Glaube zu den verschiedenen Glaubenswahrheiten verhält, die geglaubt werden müssen. Von diesen ist zu sagen, ... daß sie nicht einfach isoliert in sich geglaubt werden, sondern insofern sie auf diese oder jene Weise Momente der Geschichte zwischen Gott und den Menschen ausdrücken. ... Der Glaube ist somit immer zugleich auf „Glaubenswahrheiten“ und auf den in ihnen begegnenden Gott ausgerichtet.

155 Der Glaube ist die jenem Geltungsdrang entgegengesetzte Haltung, die radikale Preisgabe des Sich-rühmens, des Geltenwollens aus eigener Kraft und Leistung. Er ist die Erkenntnis, daß dem Menschen die Geltung, die ihn seiner selbst und vor Gott sicher macht, nur geschenkt werden kann. ... Im Glauben empfängt der Mensch die Gerechtigkeit, die Ehre, die Geltung von Gott.

So kann auch die Geltung vor Gott nicht erzwungen werden durch noch so große Leistungen von Selbsterziehung und Selbstüberwindung, durch Einsatz und Opfer; sondern sie wird nur der schlichten Hingabe zuteil, dem Verzicht auf jeglichen Geltungsanspruch; sie kann nur das Geschenk Gottes selbst sein ...

Aber wenn der Glaube die schlichte Hingabe an Gottes Gnade ist, inwiefern ist er zugleich *Glaube an Christus?* Freilich versteht man unter Glaube an Christus das Fürwahrhalten bestimmter dogmatischer Sätze, Sätze etwa über Christi Gottessohnschaft, über seine Präexistenz, seine Naturen und dergleichen, so ist in der Tat nicht verständlich, wie solcher Glaube den Werken entgegengesetzt sein solle.

Demgegenüber aber gilt: Er (Jesus Christus) ist das Geschenk Gottes an die Welt, in dem seine allen unseren Werken zuvorkommende, schenkende Gnade sichtbar wird.

Information:

156 Emunah und Iman

Glaube, Emunah, im hebräischen Sinne bezeichnet einerseits den aktiven Zustand der Treue und andererseits die rezeptive Bedingung des Vertrauens und wird in dieser Bedeutung sowohl vom Menschen als auch von Gott ausgesagt (vgl. Gen 15, 6; Dtn 32, 4; Spr 20, 6; Hiob 4, 18). Die hebräische Emunah unterscheidet sich folglich vom neutestamentlichen Glauben, Pistis, der nach Martin Bubers Deutung als ein „Glaube, daß“ zu erklären ist. Dennoch ist nicht zu übersehen, daß auch die hebräische Emunah Glaubenssätze entwickelt hat.

Ähnlich verhält es sich mit Glaube, Iman, im islamischen Sinne. Zum Umfeld des arabischen Wortes gehören wesentlich die Begriffe Treue und Vertrauen. Aber auch hier sind von der Vertrauenshaltung des Muslim bestimmte Glaubenssätze nicht abzulösen. Dem christlichen Glaubensbekenntnis entspricht deshalb die ‚shahada‘ (von ‚shahida‘: bezeugen, Zeugnis ablegen für): Wer den Glauben bekennt, legt für ihn Zeugnis ab.

157 Buddhistischer und christlicher Glaube

Aus einem fiktiven Gespräch zwischen Mr Thompson und einem buddhistischen Laienanhänger (Upasaka = U.).

Mr T.: Wenn für Buddhas Lehre Glauben notwendig ist ..., besteht dann in dieser Hinsicht überhaupt ein Unterschied zwischen dem Buddhismus und den Offenbarungsreligionen?

U.: Saddha bedeutet eher Vertrauen als Glauben. Warum glauben – oder zumindest hoffen – wir, wenn wir krank sind und zum Arzt gehen, daß er uns heilen kann?

Mr T.: Nun, ich denke, weil er seine Examina hat ... seine Fähigkeiten bei der Behandlung anderer Patienten schon bewiesen hat.

U.: Richtig. Und aus genau demselben Grunde gehen wir zu einem Lehrer, dessen Fähigkeiten sich in der Praxis erwiesen haben, wenn wir eine Geistes- oder Naturwissenschaft studieren wollen. Bedeutet dies nicht ‚daß wir Vertrauen in den Arzt oder Lehrer setzen?

Mr T.: Ja, natürlich.

U.: Doch die Tatsache, daß er uns heilen oder lehren kann, entstammt nicht unmittelbarem Wissen?

Mr T.: Nein, wir wissen es erst nach der Handlung völlig gewiß.

U.: Dann kann man es also Glauben nennen?

Mr T.: Ja.

U.: Aber „Glaube" ist ein ziemlich emotional aufgeladenes Wort, das wir gewöhnlich für die Mysterien der Religion reservieren. Es deutet in Richtung auf einen Glauben, der nicht durch die Vernunft bestätigt ist – ja sogar einen Glauben, der wider die Vernunft steht.

Das Vertrauen eines Buddhisten in den Buddha ist genau von der Art, welche wir in einen guten Arzt oder Lehrer setzen. Es ist kein blinder Glaube, weil wir überzeugende Gründe dafür haben. An die Lehre, die uns der Buddha anbietet, kann man zunächst einmal intellektuell glauben, weil sie das bestätigt, was wir sehen und empirisch von der Beschaffenheit der Welt überprüfen können. Wir wissen, daß seine Methode dem Leiden erfolgreich ein Ende bereitet, weil sie dies während der vergangenen 2500 Jahre bei vielen Menschen bewirkt hat. Man könnte sagen, sie ist eine altbewährte Praxis. Deshalb setzen wir großes Vertrauen in den Dhamma des Buddha ...

Mr T.: Dies ist ganz verschieden von dem Gedanken, den Glauben zu einer Vorbedingung der Offenbarung zu machen. Wenn man bedenkt, wie viele der hervorragendsten Geister in der christlichen Kirche gegen den Zweifel angekämpft haben und sich anklagten, nicht fähig zum Glauben zu sein ..., dann erkennt man, was für ein Hindernis diese Forderung nach nicht hinterfragbarem Glauben ist.

158 Höre, Israel, der Ewige, unser Gott, der Ewige ist einzig! (Dtn 6, 4)

159 Die dreizehn Glaubensartikel

Erhaben ist der lebendige Gott und gepriesen, er ist, und keine Zeit beschränkt sein Dasein.

Er ist einzig, und nichts ist einzig gleich seiner Einzigkeit, er ist unsichtbar, und unendlich ist seine Einheit.

Er hat nicht die Gestalt eines Körpers und ist unkörperlich, wir vermögen nicht seine Heiligkeit zu schätzen.

Er war früher als jedes Ding, das erschaffen worden; er ist der Erste, und seine Ewigkeit begrenzt kein Anbeginn.

Ja, er ist der Herr der Welt, und jedes Geschöpf zeugt von seiner Größe und seinem Reich.

Reichtum göttlichen Schauens verlieh er den Männern seines auserwählten Volkes, das seinen Ruhm verkündet.

Nicht erstand in Israel gleich Mosche noch ein Prophet, der seine Herrlichkeit schaute.
Lehre der Wahrheit gab Gott seinem Volke durch seinen Propheten, den Bewährten seines Hauses.
Gott wird sein Gesetz in Ewigkeit nicht in ein anderes wechseln, umändern.
Er sieht und kennt unsere Geheimnisse, schaut schon am Anbeginn das Ende einer Sache.
Er vergilt dem Menschen Gnade nach dessen Werk und erteilt die Strafe dem Bösewicht nach dessen Lasterhaftigkeit.
Er schickt am Ende der Tage unseren Gesalbten, zu erlösen, die auf das Endziel seiner Erlösung harren.
Die Toten wird Gott beleben in der Fülle seiner Gnade; gelobt sei für und für sein ruhmvoller Name.

160

Schaháda, das islamische Glaubensbekenntnis:

Ich bezeuge, daß es keine Gottheit gibt außer Gott und daß Muhammad der Gesandte Gottes ist.

161

Die Fatiha
Im Namen Gottes, des barmherzigen Erbarmers,
Lob sei Gott,
dem Herrn der Welten,
dem barmherzigen Erbarmer,
dem König des Jüngsten Tags.
Dich beten wir an, dich bitten wir um Hilfe:
Führe uns den graden Weg,
den Weg derer, denen du gnädig bist
und nicht derer, über die Zorn kommt
und die in die Irre gehen.

162

Ich nehme zu Buddha meine Zuflucht.
Ich nehme zum Dharma meine Zuflucht.
Ich nehme zum Sangha meine Zuflucht.
Ein zweites Mal nehme ich zu Buddha meine Zuflucht.
Ein zweites Mal nehme ich zum Dharma meine Zuflucht.
Ein zweites Mal nehme ich zum Sangha meine Zuflucht.
Ein drittes Mal nehme ich zu Buddha meine Zuflucht.
Ein drittes Mal nehme ich zum Dharma meine Zuflucht.
Ein drittes Mal nehme ich zum Sangha meine Zuflucht.

163

Wir verlassen uns mit ganzem Herzen auf den Tathagata *Amitabha* in Bezug auf die Erleuchtung im künftigen Leben, während wir uns aller verschiedenen Lehren und Praktiken enthalten und das Vertrauen in unser ohnmächtiges Selbst aufheben.
Wir glauben, daß wir die Sicherheit der Hingeburt durch Seine Rettungstat in dem Augenblick erhalten, wo wir unseren Glauben auf Ihn setzen; und wir rufen Seinen Namen – *Namu Amida Butsu* – an in Glückseligkeit und Dankbarkeit für Seine Gnade.
Wir anerkennen dankbar das gütige Wohlwollen unseres Gründers Shinran Shonin und der nachfolgenden Meister …

→ Gott, Christus, 110–118

5.3 Gebet und Meditation

Diskussionsanstoß:

164 Wenn man ernsthaft darüber nachdenkt, ist Gebet eigentlich eine Manifestation von Frechheit sondergleichen, eine „chuzpah“. ... Die Frechheit, die dem Beten zugrunde liegt, ist die unausgedrückte Vermutung, daß Gott Gebete erhören wird, sobald der Mensch nur den Mund auftut. Der Mensch verfährt mit seinen eigenen menschlichen Behörden nicht auf diese Weise. ... Aber derselbe Mensch setzt voraus, daß ihm zu jeder Zeit eine Audienz bei dem Herrscher der ganzen Welt, dem Heiligen, gelobt sei Er, erteilt wird. Darin besteht die große Kühnheit, die „chuzpah“, die dem Gebetsakt zugrunde liegt.

165 Gebet und Kult sind genuine Äußerungen jeder Religion, durch die sie lebt. Alle Weltreligionen kennen neben offizieller Liturgie das persönliche Gebet, in dem der einzelne dem Numinosen begegnet. Das Folgende bietet zentrale Gebete der Religionen zum Vergleich und konzentriert sich dann auf eine Sonderform des Gebets, die Meditation, die in jüngster Zeit auch im Christentum als meditative und kontemplative Erfahrungen fernöstlicher Spiritualität (Yoga, Zen) Aufnahme gefunden haben. Dagegen werden jedoch nicht nur von christlicher, sondern auch von jüdischer Seite Einwände, besonders gegen die buddhistische Meditation, erhoben (175, 178), die insofern zutreffen, als es sich hier um die Totalerfahrung einer letzten impersonalen Realität handelt, um die „Entdeckung echter Identität in und mit dem Einen“ (*Thomas Merton*). Ähnlich verhält es sich mit der impersonalen Mystik des Hinduismus (171). Jüdische, christliche und islamische Mystik haben dagegen die Hinwendung des Ich zum Du Gottes zum Inhalt. Eine Vergottung des Meditierenden, wie sie das Ziel in der Meditation hinduistischer personaler Mystik ist, dürfte demgegenüber nur die Ausnahme sein. So ist z. B. von dem islamischen Mystiker al-Halladsch (857–922) der Ausspruch überliefert: „Ich bin die absolute Wahrheit (bzw. Gott)“. Es dürfte auch nicht zutreffend sein, daß die buddhistische Meditation notwendig zu einer Weltflucht führt (150, 172, 173). Unter den Gebetstexten wird den christlichen Leser sicher das „Mutterunser“ (167) des bengalischen Dichters und Heiligen Rama Prasada (18. Jh.) verblüffen.

Dieser repräsentiert eine Richtung innerhalb der monotheistischen Shiva-Verehrung, die man als *tantristischen Shaktismus* bezeichnet. Unter Tantras versteht man einen Korpus von ritualistischen Texten aus nachchristlicher Zeit. Älteren Datums ist dagegen der Shakti-Kult. Shiva, die zeit- und formlose höchste Realität allen Seins, manifestiert sich vermöge seiner weiblichen Kraft, Shakti, und wird so zum Schöpfer der Welt. Shakti, die von Shiva nicht unterschiedene Göttliche Mutter, ist selbst höchste göttliche Kraft und erscheint in allen Prozessen des Werdens und Vergehens. Für die Shaktas oder Shakti-Anhänger ist sie, die schöne und zugleich auch schreckliche Göttin, Gegenstand der Verehrung. Ob unter der Bezeichnung Durga, Tara oder Kali – letztere ist der in Bengalen gebräuchliche Name der Göttin –, Shakti ist die letzte Realität hinter allen Dingen. Auf sie wird das kosmische Nichtwissen (Maya) zurückgeführt; ihm entspricht das individuelle Nichtwissen (avidja), das wiederum die Ursache des Anhäufens von Karma (Taten) und damit des ewigen Kreislaufs der Wiedergeburten (samsara) ist. Durch inneren Gottesdienst (Meditation und Yoga) – der äußere Gottesdienst (puja) mit seinen Opfern im Tempel stellt nur eine Vorstufe zu ersterem dar – wird das höhere Wissen (jnana) erlangt, durch das dann die Erlösung erreicht wird. Die bedingungslose Hingabe des Gläubigen an die schwarze Kali, die in ihrem abstoßenden Aspekt Sinnbild der Zerstörung ist, und die völlige Auslieferung an die Gnade der Göttin lassen diese die Züge der liebenden Mutter annehmen und den Gläubigen die Schrecken des Todes überwinden helfen. Ein weit über die Grenzen Indiens hinaus bekannter Vertreter des Kali-Kultes war Ramakrishna (1836–1886), dessen Gedanken heute von der Ramakrishna-Mission im Westen verbreitet werden.

166

Vater unser im Himmel.
Geheiligt werde dein Name.
Dein Reich komme.
Dein Wille geschehe
wie im Himmel so auf Erden.
Unser tägliches Brot gib uns heute
und vergib uns unsere Schuld,
wie auch wir vergeben unsern Schuldigern.
Und führe uns nicht in Versuchung,
sondern erlöse uns von dem Bösen.
Denn dein ist das Reich
und die Kraft
und die Herrlichkeit in Ewigkeit.
Amen.

167

O Mutter! Spenderin der Nahrung! Gib mir Speise, gib mir Speise. Ich weiß: Mutter gibt Nahrung ihrem hungrigen Kind, auch dann, wenn es mit jedem Schritt schuldig wird.
O Mutter! gib diesem Kind Erlösung (vom Kreislauf Geburt und Tod) sowie Deinen Segen ohne Aufschub.
O Tara, die Qualen meines Hungers sind unerträglich; sei nicht abgeneigt, mir meine Bitte zu gewähren.

168

Buddhas der Vergangenheit, Buddhas der Zukunft,
Buddha – Tröster jeden Zeitalters:
alle widmeten sich der höchsten Wahrheit,
die da waren, sind und sein werden.
Derjenige, der dich wirklich liebt, sucht die Wahrheit, als Anhänger der Wahrheit achtet er das Wort des Meisters.
Wahrheit und Nicht-Wahrheit – werden sie gleiche Frucht hervorbringen?
Qualen einerseits, Heil andererseits.
Der Dharma wird den Beobachter des Dharma behüten.
Die Wahrheit tun – Unterpfand des Glücks.
Segnungen der Wahrheit für den, der sie bewahrt.

169

Gelobt seist du, Ewiger, unser Gott und Gott unserer Väter, Gott Abrahams, Gott Isaaks und Gott Jakobs, großer, starker und furchtbarer Gott, höchster Gott, der du beglückende Wohltaten erweisest und Eigner des Alls bist, der du der Frömmigkeit der Väter gedenkst und einen Erlöser bringst ihren Kindeskindern um deines Namens willen in Liebe.
Gedenke unser zum Leben, König, der du Wohlgefallen hast am Leben, und schreibe uns ein im Buche des Lebens um deinetwillen, lebendiger Gott, König, Helfer, Retter und Schild! Gelobt seist du, Ewiger, Schild Abrahams!
Du bist mächtig in Ewigkeit, Herr, belebst die Toten, du bist stark zum Helfen.
Du ernährst die Lebenden mit Gnade, belebst die Toten in großem Erbarmen, stützest die Fallenden, heilst die Kranken, befreist die Gefesselten und hältst die Treue denen, die im Staube schlafen. Wer ist wie du, Herr der Allmacht, und wer gleicht dir, König, der du tötest und belebst und Heil aufsprießen läßt.
Wer ist wie du, Vater des Erbarmens, der du deiner Geschöpfe zum Leben gedenkst in Erbarmen.
Und treu bist du, die Toten wieder zu beleben.
Gelobt seist du, Ewiger, der du die Toten wieder belebst!

Diskussionsanstoß:

170 Wir haben Angst vor der Religion. In einer Studentengruppe, einem theologischen Seminar über Angst, wurde der Versuch gemacht, am Ende des Semesters nicht mehr theoretisch, sondern persönlich zu sprechen. Jeder sollte davon erzählen, wie er die Überwindung seiner eigenen Ängste erlebt habe. In diesem Zusammenhang berichtete eine Studentin von den großen Schwierigkeiten, die sie mit ihrer Mutter, die ihren Freund nicht akzeptieren wollte, gehabt hatte. Sie war darüber krank geworden und von Arzt zu Arzt gelaufen. Sie erzählte, daß sie mit ihrem Freund zusammen gebetet habe und daß sie in diesem sich über längere Zeit hinziehenden Beten die Kraft zur Lösung der Probleme, die sie bis in ihre physische Existenz hinein bedrohten, gefunden habe. Für alle, die an der Sitzung teilnahmen, war dieses Erzählen einer Erfahrung schockierend und befreiend zugleich. Jemand hatte in einem Kreis kritischer Theologen ein Tabu durchbrochen und eine relevante Erfahrung nicht für andere „in religiöser Sprache" dargestellt, sondern sie im Medium Religion gemacht, so wie andere von ihrer Angstüberwindung durch gemeinsames Musizieren, Einander-eigene-Gedichte-Vorlesen, Aus-sich-Herausgehen sprachen. „Ohne das Beten", sagte die Studentin, „wären wir nicht weitergekommen." Aber wir alle hatten Angst davor, Religion zu zeigen.

Meditation

Meditation im Hinduismus

171 ... Meditation ist eine Methode gradueller Umwandlung des Meditierenden in Richtung auf eine Ähnlichkeit mit dem Göttlichen. Wir können sagen, daß es ein Prozeß der Vergöttlichung oder Vergottung ist, der schon im rituellen Gottesdienst des Hindu in der Form symbolischer Handlung beginnt und weiter verinnerlicht wird im nicht-meditativen Gebet in der Form symbolischer Worte und Formeln, seine letzte Entfaltung erreichend in der Konzentration des Denkens und Bewußtseins auf die Gestalt Gottes und die Gestaltlosigkeit oder jenen Aspekt Gottes bzw. des Absoluten, der aller Kategorien ledig ist, was von der theistischen oder nicht-dualistischen Tradition abhängig ist. Solch ein Prozeß der Vergottung entstammt dem, was wir als zusätzliche Heilsüberlieferung bezeichnen können, die den Lehren über die Hinduschriften und denen der Hindulehrer (Gurus) entstammt. Ein intellektuelles Verständnis der Lehren allein ist nicht ausreichend für die aktuelle Realisierung der Wahrheit, die in den Schriften und den Lehren der spirituellen Lehrer enthalten ist. Es bedarf eines spirituellen Verständnisses, das eine reale Veränderung im Aspiranten bewirkt. Das heißt, der Aspirant sollte sich bemühen, eine spirituelle Einsicht in ihre Bedeutung zu erlangen. Meditation vermittelt präzise Einblicke in die spirituelle Realität, nämlich in die reale Natur des Selbst und seiner Beziehungen zu Gott oder dem Absoluten. Inhalt und Wesen der Meditationspraktiken sind, daß das Bewußtsein des Meditierenden über die Gestalt des Göttlichen verweilen sollte, um das Göttliche selbst zu werden, entweder in totaler Identität mit dem Absoluten wie in der nicht-dualistischen Spiritualität, oder in Vereinigung mit dem persönlichen, einzigen göttlichen Herrn auf dem Wege der Liebe, gemäß der theistischen Spiritualität.

Meditation im Buddhismus

172 Wie in allen Dingen muß man den kleinen praktischen Details sorgfältige Aufmerksamkeit schenken. Die Erfahrung hat gezeigt, daß die besten Resultate erreicht werden, wenn man sich an feste Zeiten und einen festen Platz hält. Der Körper sollte aufrecht gehalten werden und wachsam sein, aber dennoch entspannt und in bequemer Lage. Der Lotussitz – das

Sitzen mit gekreuzten Beinen auf dem Boden – wird jenen empfohlen, die ihn ohne Mühe erlernen können. Nachdem man eine bequeme Haltung eingenommen hat, muß man völlig entspannen, und dieses geschieht am besten durch langsames und tiefes Atmen vom Magen her. Das entspannt den Körper, während es gleichzeitig hilft, den Geist anzuregen.

Auch jetzt ist man noch nicht zur Meditation bereit, denn bevor man mit ihr beginnen kann, muß man die notwendigen Kräfte entwickeln ... seine „mentalen" Muskeln. Dies geschieht, indem man sich zu konzentrieren lernt. Alle Handbücher über Meditation geben Listen von Konzentrationsübungen, die diesem Zweck dienen.

Eine in Textbüchern oft angeführte Übung besteht in der Konzentration seiner ganzen Aufmerksamkeit auf einen kleinen körperlichen Gegenstand. Eine Streichholzschachtel und eine Orange tun es auch. Lege den ausgewählten Gegenstand einige Fuß weit von dir entfernt nieder und dann, wenn du völlig entspannt bist, konzentriere das Scheinwerferlicht deines Geistes auf ihn ...

Generell kann man zwei Formen der Meditation unterscheiden, eine niedere und eine höhere Meditation ... Die Wahl des ... Objektes der Meditation ist unbegrenzt. Man kann sich entscheiden für eine Meditation über eine bestimmte Lehre der Religion oder über einige Abschnitte der Schrift. Du kannst über bestimmte Tatsachen des Lebens meditieren, die Unendlichkeit des Universums, die Komplexität des Lebens in allen seinen Formen, daß alles Seiende – du selbst eingeschlossen – sich in einem konstanten Zustand des Fließens befindet, indem es einem endlosen Wandel unterliegt.

... die Ausübung der Meditation ist von höchstem praktischen Wert und ist eine Vorbedingung für jeden wahren Dienst; denn nur dann, wenn wir wahrhafte Meister über uns selber werden, können wir wirklich Diener von anderen werden.

Mittels der Meditation können wir uns mit jener unsichtbaren Bruderschaft verbinden, deren spirituelle Bemühungen eine bewachende Mauer um die Menschheit errichten helfen.

Zur Veranschaulichung:

173 Metta – Liebe-Freundlichkeit – ist ein ausgezeichneter Gegenstand für die Meditation. Zuerst versuche, alle Unreinheiten, Begierde, Haß und Unwissenheit aus deinem Geiste zu waschen und bemühe dich, dein eigenes Wesen mit unbegrenzter Liebe zu überfluten. Dann wende deine Gedanken einem Freund zu und richte dieselben Gedanken der Liebe auf ihn oder sie. Dann konzentriere deine Gefühle auf jemanden, der dir gleichgültig ist. Danach ... stelle dir einen Feind vor oder jemanden, den du nicht magst und durchdringe ihn oder sie – auch wenn das anfänglich nicht ohne ein Gefühl der Heuchelei möglich ist – mit der Wärme großzügiger und reiner Zuneigung. Zuletzt strahle Liebe-Freundlichkeit auf die ganze Menschheit aus, dann auf alle Formen des Lebens und auf diese Weise auf das ganze Universum.

174 Erdboden. Ich kam an einem frisch gepflügten Acker vorbei. Da zog es mich, Erde zu meditieren. Ich setzte mich ruhig nieder, griff eine Handvoll Ackerboden, roch daran, drückte ihn und zerbröckelte ihn, ließ ihn durch die Finger rinnen. So kam ich in engen Kontakt. Mir kamen die Worte: Erdhaft, frisch, fruchtbar ... – Dann schaute ich den Acker an und merkte, daß ich auf etwas Wunderbares schaute. Erst fiel mir die Unzahl von Lebewesen ein, die in einer einzigen Ackerscholle leben und das Wachstum der Pflanzen ermöglichen. Dann dachte ich, was die Erde alles hervorbringt – das Wort aus dem Schöpfungslied fiel mir ein: ‚Die Erde bringe hervor ...' – und daß

wir von ihr leben. Ich von ihr. ‚Mutter Erde.' Dann: zu ihr werden wir zurückkehren, in ihr werde ich ruhen. – Adam, Mann aus Erde, das bin ich. Ich fühlte die Einheit. – Und dann das Lichtwort, das vielleicht auf meinem Grabe stehen wird: Hier ruht in Gott.

Christliche Meditation in der Begegnung mit der östlichen Meditation

175 Das Abendland hat eine große und reiche Meditationserfahrung. Wir brauchen uns nur an die Wüstenväter, die geistlichen Lehrer des Mittelalters, an Ignatius von Loyola, Therese von Avila und Johannes vom Kreuz zu erinnern, sowie an die Traditionen der kontemplativen Orden, der Ostkirche, zumal des Berges Athos.

Andererseits ist durch das Bekanntwerden der östlichen Meditationsweisen ein neuer Erfahrungsstrom zu uns gekommen. Er spricht viele heutige Menschen unmittelbar an und bringt so wichtige Elemente mit, daß eine heutige Meditationsanleitung von diesen nicht mehr absehen kann ... Die Meditation, als Bewegung über die Jahre des Lebens hin verstanden, geht auf eine letzte Wirklichkeit und darin auf ein Heilwerden und Heilfinden des Menschen. Die Dynamik unseres Seelengrundes ist vom Wesen her, wenn auch oft verschüttet und gehemmt, unbeirrbar auf seinen Ursprung, sein Ziel und das innerste Geheimnis in allem gerichtet.

176 In der Meditation verlassen wir den Zustand alltäglicher Aktivität und somit die oberen Seelenkräfte (also das rationale, zugreifende, untersuchende, schlußfolgernde *Denken*, das Messen, Experimentieren und Beweisen sowie das zielgerichtete, zweckmäßige, auf Leistung gerichtete *Wollen*) und sinken in die tieferen Seelenschichten, in denen sich der Mensch nicht mehr aktiv verhält, sondern ‚pathisch', empfangend, schauend, sich überlassend, den Tiefenvorgängen Raum gebend.

Zur Auseinandersetzung:

177 Mystik, Gotteserfahrung, Glaubensbewußtsein, Meditation usw. werden meist mittels der *Terminologie der Einheit, des Einswerdens, des Selbstwerdens* umschrieben. Dabei ist man sich des Eigengewichtes der Worte zu wenig bewußt. Das christliche Wort ‚Mystik' aber stammt eindeutig aus einer Begegnungssituation und nicht aus einem Einheitserlebnis: Erfahrung Jesu Christi (und nicht seiner selbst) in Wort und Sakrament.

Jüdische Rückbesinnung auf die eigenen Kräfte

178 Einer der bekanntesten christlichen Theologen Amerikas, Harvey Cox ... weist uns darauf hin, daß wir, Juden und Christen, in unserer eigenen Tradition jene Elemente der Meditation haben, die der buddhistischen entsprechen, und die wir nur allzulange haben brachliegen lassen. Der wöchentliche Schabbat ist jene Zeit, die uns herausnehmen kann aus dem Hasten und Jagen nach irdischen Gütern, aus der Vernachlässigung unseres eigentlichen Ich, und die unsere geistigen Kräfte erneuern und unseren geistigen Horizont erweitern kann über die Mittelmäßigkeit und die Langeweile unserer gewöhnlichen Betriebsamkeit hinaus. Denn der Schabbat ist der Tag der Meditation und des Innehaltens inmitten der Hektik unserer Tage.

Der Schabbat ist die jüdische Antwort auf die Frage, die alle Religionen angeht: die Beziehung zwischen Tun und Sein, zwischen Aktivität und Geist. Wir alle leben in dem scheinbaren Widerspruch zwischen der Sicht der Realität als ohne Bewegung und einer, die Opposition, Wechsel, Gegensatz enthält. Es ist die biblische Unterscheidung zwischen Schöpfung und Ruhe. Gott ist ewig und unwandelbar, aber er ist auch die Kraft, die in der Welt und auch in der Geschichte wirksam wird. Und dies ist für mich auch der Unterschied zwischen der jüdischen und der fernöstlichen Spiritualität. Dort ist alles nur auf das Innere gerichtet, das Ideal ist Nirwana, die Ausschaltung des Willens und der Welt. Hier ist der Schabbat zwar der Höhepunkt der Woche, aber er ist nur einer von sieben Tagen ...

→ 93–95, 110–118.

5.4 Symbole und Brauchtum

179 Der Mensch verständigt sich über Zeichen und Symbole. Das ist so selbstverständlich, daß wir es kaum noch reflektieren und uns deshalb in seiner Selbstverständlichkeit erst wieder bewußt machen müssen.

Unser alltägliches Leben ist von Symbolen durchsetzt, z. B. beim Grüßen (Händeschütteln, Zunicken), im Verkehr mit seinen vielen Zeichenregelungen; im nationalen Bereich durch Flaggen, Embleme, Paraden, dem Zeremoniell bei Staatsempfängen u. ä. In unseren Träumen begegnen wir einer Symbolwelt eigener Art, von deren Kraft und Wirkung nicht zuletzt die Werbung weiß, wenn sie mit ihrer Hilfe an das Unbewußte in uns zu appellieren sucht. Das Besondere unseres Menschseins aber liegt darin, daß wir uns in einem Symbolsystem schlechthin darstellen und äußern: der *Sprache.*

Ein besonders nachdrücklicher Gebrauch von Symbolen war bislang vornehmlich in den Religionen und ihrem Kult anzutreffen. Zumindest im Westen ist jedoch der Sinn für die traditionelle religiöse Symbolwelt im Schwinden begriffen; das hängt u. a. wohl auch mit der zunehmenden Intellektualisierung des Christentums zusammen. Bei einer Betrachtung, die die Vielfalt der Formen- und Ausdrucksmöglichkeiten im Religiösen heute ganz allgemein in den Blick nimmt, zeigt sich jedoch, daß auch im Feld der Symbole Religion eine erstaunliche Fähigkeit zur Erneuerung und Veränderung besitzt.

Im folgenden können nur Hinweise gegeben werden. Auch im Vollzug von Religion bringt sich der Drang des Menschen zur Geltung, die Symbolik des gesprochenen Wortes durch Körpersprache – Mimik, Gestik, bewußt gesetzte Zeichen und symbolische Handlungen – zu ergänzen (180–185).

Bildliche Darstellungen, akustische Äußerungen – sowohl menschliche Laute als auch mechanische Töne (z. B. Glocken), bestimmte bedeutungsvolle Hand- und Körperhaltungen und schließlich das, was man als eine atmosphärische Einstimmung bezeichnen kann, nämlich Wohlgerüche, Lichterglanz und besondere Gewänder für die liturgisch handelnden Personen: Das kennen nicht nur die Konfessionen des Christentums, das ist auch in anderen Religionen anzutreffen, z. B. den indischen. Wie Christen knien oder die Hände falten und den Kopf senken, um so ihre Bereitschaft zum Gebet auszudrücken, so nehmen beispielsweise auch der Hindu und der Buddhist einen besonderen Sitz ein und unterstreichen ihre Bereitschaft zu Meditation und Versenkung durch das Auflegen der Fingerspitzen und der rechten Handfläche auf verschiedene Körperstellen (buddhistische Mudras, 186). Solche Zeremonien sind Ausdruck geistiger Entschlüsse.

Um ein anderes Beispiel zu geben: Im tantristischen Gottesdienst begrüßt der Gläubige die Göttin

(Shakti), die in ihrem Bildnis dargestellt ist. Während der Meditation rezitiert er heilige Formeln, sogenannte Mantras: Wortklänge, die in sich das Wesen der Göttin enthalten.
Das bekannteste Mantra ist die Silbe OM (zusammengezogen aus A, U, M; 187). OM ist *der* heilige Laut schlechthin, weshalb er auch von allen möglichen Richtungen innerhalb des vielgestaltigen Hinduismus benutzt werden kann. Als Symbol für den persönlichen Gott steht es in Beziehung zu Shiva Nataraja („König der Tänzer"), der als kosmischer Tänzer die ewige Energie in sich verkörpert. In seinem zerstörerischen Aspekt, in der Auflösung des Alls, ist er die Personifikation des Absoluten, des Brahman, mit dem der Atman, die individuelle „Seele", sich zu vereinigen sucht.
Im Vergleich mit der Symbolik anderer Religionen stellt die theologisch bis zur Heilsnotwendigkeit herausgehobene Bedeutsamkeit der christlichen Sakramente einen besonderen Fall dar (188, 189).
Als symbolische Gestalten, an die sich die Wünsche nach religiöser Verdichtung, nach Führern, Vorbildern und Stellvertretern, binden lassen, begegnen uns schließlich in vielen Religionen die Heiligen (191–194).

Sprache der Symbole

180 181

Die beiden Karikaturen leben von einer Fülle von Symbolen, auch wenn die obere über den angeblich üblichen Ablauf einer Liebesbeziehung auf nicht mehr als die banale Aussage eines Kalauers hinausläuft.

„Hurra, es geht aufwärts!"

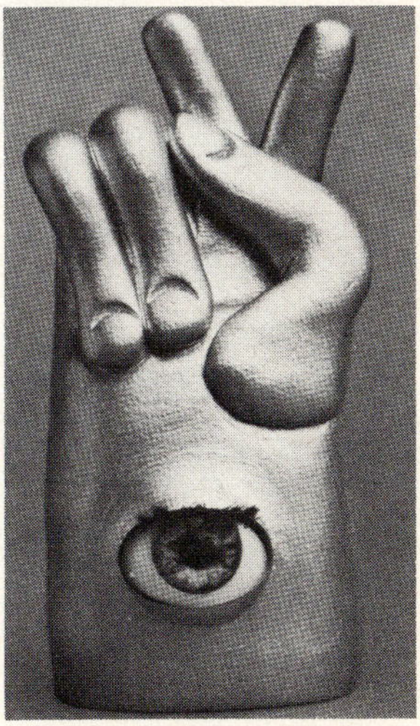

182

Diese Pop-Art-Skulptur vereinigt die Vielfalt der Symbolik von Auge und Hand mit dem von Churchill während des Zweiten Weltkriegs bekannt gemachten V-Zeichen für victory (‚Sieg') – eine Geste, die in weniger als vierzig Jahren weltbekannt wurde.

183 Kirchen, Moscheen, Synagogen und Tempel überragen gewöhnlich ihre Umgebung. Darin wird die Macht der Gottheit symbolisiert, der sich der Mensch in seiner Winzigkeit demutsvoll nähert.

184 Die Struktur der Kathedrale von Brasilia ist einem Mandala nachgebildet und versinnbildlicht darin die Ganzheit. – Die Architektur wird zu einem Hilfsmittel der Konzentration auf Gebet und Gottesdienst.

Körperhaltungen

Vom Kreuzzeichen

185 Es ist das Zeichen des Alls, und ist das Zeichen der Erlösung. Am Kreuz hat unser Herr alle Menschen erlöst. Durch das Kreuz heiligt er den Menschen, ganz bis in die letzte Faser seines Wesens.
Darum machen wir es vor dem Beten, damit es uns ordne und sammle, Gedanken und Herz und Willen in Gott fasse. Nach dem Gebet, damit in uns bleibe, was Gott uns geschenkt hat. In der Versuchung, daß er uns stärke: Mache es recht, langsam groß, mit Bedacht. Dann umfaßt es dein ganzes Wesen, Gestalt und Seele, deine Gedanken und deinen Willen, Sinn und Gemüt, Tun und Lassen, und alles wird darin gestärkt, gezeichnet, geweiht, in der Kraft Christi, im Namen des dreieinigen Gottes.

186 *Sechs Handhaltungen des Buddha:*

Meditation

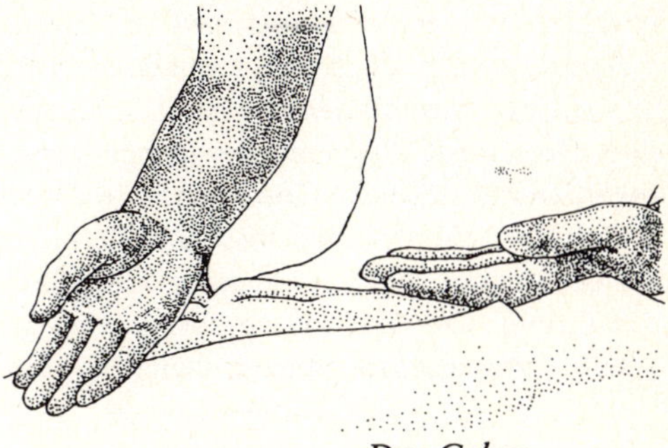

Das Geben

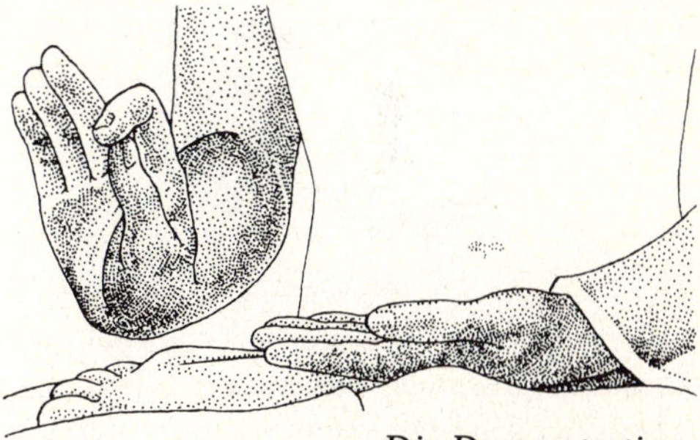

Die Demonstration

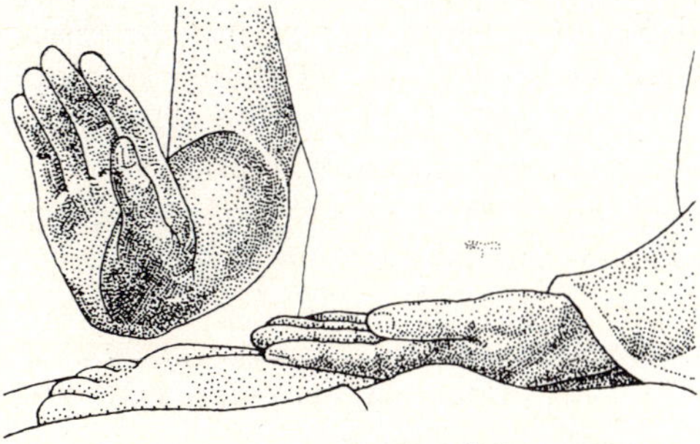

Furchtlos sein

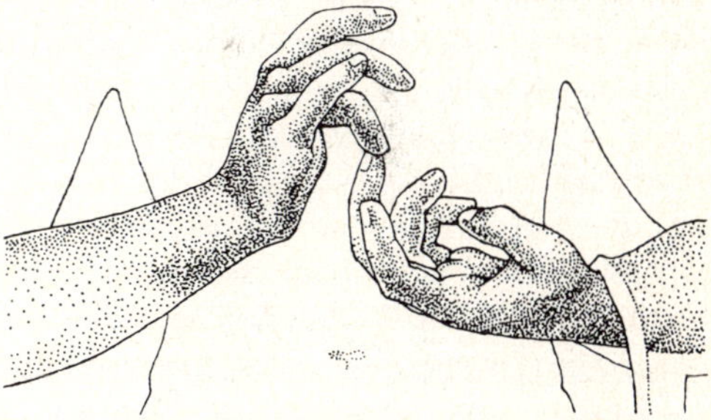

Das Drehen des Rads des Gesetzes

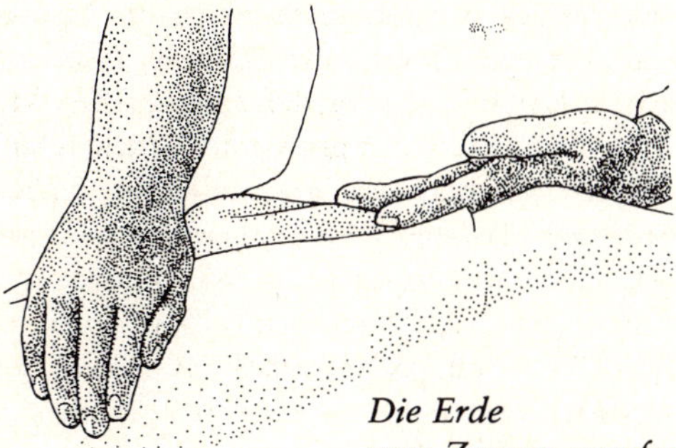

Die Erde
zum Zeugen anrufen

Aum

187 Im Hinduismus ist Aum benutzt worden, um alle Ideen über die Wirklichkeit auszudrücken, und ist während aller Epochen der religiösen Entwicklung Indiens beibehalten worden. ... Selbst die Buddhisten und die Jainas, die die Autorität der Veden nicht anerkennen, haben die Heiligkeit von Aum in ihre Lehren übernommen. Dieses Wort, der Urstoff aller Worte, kann auch von Nicht-Hinduisten als heiliges Symbol für die

Wirklichkeit benutzt werden. In den Hindu-Schriften wird es als Symbol sowohl für den Persönlichen Gott als auch für den Unpersönlichen Gott, oder das reine Bewußtsein, anerkannt. Der Persönliche Gott ist definiert worden als der Schöpfer, Bewahrer und Zerstörer des Universums. Die drei Begriffe Schöpfung, Bewahrung und Zerstörung werden ausgedrückt durch die drei Buchstaben von Aum.

A bedeutet den schöpferischen Aspekt der Gottheit, denn A ist der Anfang aller Laute. U bedeutet den bewahrenden Aspekt, denn der im Hals erzeugte Laut wird gleichsam durch das U erhalten, während es durch den Mund rollt. M ist das Symbol des zerstörenden Aspekts der Gottheit, denn alle Laute finden ein Ende, wenn die Lippen sich schließen. Der unartikulierte Laut, der am Ende der Aussprache des Wortes Aum entsteht, ist das Symbol des reinen Bewußtseins oder des eigenschaftslosen Brahma. Das Symbol und auch das Wesen, das es bedeutet, sind ohne Teile oder Beziehungen. Der unartikulierte Laut geht schließlich unter im Schweigen, das auch die letzte Erfahrung der Mystiker ist.

Das Wort Aum ist nicht von Menschen erfunden worden. Es ist der ungeschaffene Urlaut, den die in der Kontemplation versunkenen Mystiker hören, wenn ihr Verstand und ihre Sinne sich von der Welt zurückgezogen haben. Durch dieses Wort wird ihnen der ewige Prozeß von Schöpfung, Erhaltung und Zerstörung offenbart.

Die Sakramente des Christentums

Information:

188 Seit Augustinus (354–430) wird Sakrament als das sichtbare Zeichen der unsichtbaren Gnade definiert. Die Theologen des Mittelalters nannten drei Merkmale, die bei einem Sakrament gegeben sein müssen: ein äußeres Zeichen, die Einsetzung durch Christus, die Gnade. Die Reformatoren legten besonderen Wert auf das Wort der Einsetzung durch Christus und betonten die Rolle des Glaubens für die Wirksamkeit der Sakramente: ein Sakrament wirkt nicht durch den bloßen Vollzug.

Im Gegensatz zum Katholizismus hat der Protestantismus lediglich Taufe und Abendmahl als Sakramente anerkannt. In neuerer Zeit sprach der inzwischen verstorbene reformierte Theologe Karl Barth, dessen vielbändige „Kirchliche Dogmatik“ einen anhaltenden Einfluß auf das protestantische Denken ausübt, „von einem ‚Sakrament‘ der Geschichte Jesu Christi, seiner Auferstehung, der Ausgießung des Heiligen Geistes“. Andere Theologen – auch katholische – sind inzwischen dazu übergegangen, von einem Ur-Sakrament – Jesus Christus als der menschgewordene Gottessohn und die Kirche als sein Leib – zu reden.

Zeichen des Lebens

189 Formung der Höhepunkte unseres Daseins

Seit unvordenklichen Zeiten hat der Mensch den Höhepunkten seines Lebens eine festliche oder bedeutungsreiche Form gegeben. Geburt, Erwachsenwerden, Ehe und Tod sind solche Ereignisse, bei denen der Mensch spontan den grauen Alltag durchbricht und Formen schafft, die zeigen, was das Dasein selbst eigentlich ist. Wir werden uns bewußt, wer oder was wir sind. Wir feiern unser Dasein. Die Sakramente sind solche Feiern unseres Lebens. Sie werden uns durch den Herrn in seiner Kirche gegeben. In ihnen gewinnen Kernpunkte unseres Lebenswegs eine Gestaltung, die uns sagen soll, daß wir erlöst sind zu einem neuen Leben. Und dabei passiert mehr, als daß bloß etwas gesagt wird. Die Sakramente sind keine leeren Zeichen, sondern wirksame; sie reden nicht nur von Erlösung, sie geben Erlösung ...

Gottes Sichtbarkeit

Wenn wir den Ort dieser Zeichen im Heilswerk Gottes überdenken, dürfen wir das so zusammenfassen: In Christus wurde Gott sichtbar und berührbar. In der Kirche blieb Christus – und also Gott – sichtbar und berührbar unter uns. Die Kirche ihrerseits ist gerade sichtbar und berührbar in den sieben Zeichen. Sie sind Christi Hände, die uns jetzt ergreifen, und Christi Wort, das jetzt zu uns kommt. Sie sind seine heutige Berührbarkeit ...

Für diese Begegnungen mit dem Herrn an Kreuzpunkten unseres Lebens sind elementare Dinge unseres Daseins als Zeichen ausgesucht worden. In ihnen wird Gott, Christus, die Kirche sichtbar. Es sind: Wasser, Brot, Wein, Salböl, die Hände auflegen, Ja-Sagen, seine Schuld bekennen usw.

Die Beziehung der Zeichen zu den irdischen Dingen wird besonders gut herausgeholt, wenn der Spender sie handgreiflich und ausdrucksvoll vollzieht ...

190 Ein Gebet, ein Song, zwecklose Gebärden wie das Anzünden einer Kerze, das Weitergeben von Brot, niederknien, sich umarmen – das sind Dinge, die sehr leicht, schon durch ein spöttisches Lächeln, zerstörbar sind.

Zusatzinformationen:

Heiligenverehrung

191 Das Phänomen des heiligen Menschen ist in den Religionen weit verbreitet. Im Sufismus, dem Islam mystischer Prägung, ist es der Wali, der aufgrund seines engen Verhältnisses zu Allah als Schutzpatron fungiert. Im gewissen Sinne sind auch die Zaddikim („Gerechte“) im jüdischen Chassidismus (von hebr. chassidim, die „Frommen“), der im 18. Jahrhundert von Rabbi Israel ben Eliezer (1700–1760) in Osteuropa begründet wurde, Heilige, weil sie infolge ihrer engen Beziehung zu Gott ihre Anhänger dem Heil näherzubringen vermögen.

Auch der Buddhismus kennt vergleichbare Heilige: die Bodhisattvas (58–60), die Anwärter auf die Buddhaschaft, welche aus Mitleid mit den Menschen auf das Eingehen ins Nirvana verzichtet haben, um diesen auf ihrem Wege zur Erlösung Hilfe gewähren zu können. Ein solcher Bodhisattva ist Kuan Yin (Sanskrit: Avalokitasvara, „der auf die Schreie der Welt achtet“), der von China ausgehend in weiblicher Gestalt als Gnadengöttin oder „Buddhistische Madonna mit dem Kind“ in Asien weite Verbreitung fand (japan. Kwannon oder Kannon). Als lebende Inkarnation Kuan Yins gilt im tibetischen Buddhismus der Dalai Lama, das geistliche und ehemals auch weltliche Oberhaupt Tibets. Zu Ehren Kuan Yins werden in Japan, Korea und Singapore (in China oder Vietnam wohl kaum noch) Wallfahrten zu ihren Tempeln unternommen und besondere Festlichkeiten veranstaltet. Wie im christlichen Madonnenkult richten die Gläubigen ihre Bitten vertrauensvoll an den weiblichen Bodhisattva. Das vorkommunistische China kannte noch zahlreiche andere Heilige. So wurde z. B. Konfuzius (6. Jh. v. Chr.) der Begründer des Konfuzianismus, kultisch verehrt.

Reich an Heiligen ist Indien. Im tamilischen Südindien z. B. genießen die zehn Alvars, „Männer, die über intuitive Kenntnis Gottes verfügen“, besondere Verehrung. Der berühmteste ist Nammalvar („unser Alvar“), der in der ersten Hälfte des 9. Jahrhunderts wirkte. Eine Besonderheit stellen die „lebenden Heiligen“ dar. So hat z. B. der 1926 geborene Sathya Sai Baba, dem übernatürliche Kräfte nachgesagt werden, zahlreiche Anhänger in Madras, New Delhi und Bombay um sich gesammelt. Er ist spiritueller Führer und Lehrer (Guru) von Jüngerkreisen, die in Ashramas, klosterähnlichen Einsiedeleien, zusammenleben. Dank der Medien sind die „lebenden Heiligen" zu nationalen Persönlichkeiten geworden.

Heutige Formen von Heiligenverehrung und Wallfahrt

192

193

Jugend auf nächtlicher Wallfahrt

Fast dreitausend junge Katholiken aus dem Kölner Raum nahmen am Samstag an der traditionellen Nachtwallfahrt des Bundes der Deutschen Katholischen Jugend nach Altenberg teil. Mit dem Motto „Auf Jesus zugehen" stand die Wallfahrt zum erstenmal seit Jahren wieder unter einem rein religiösen Leitsatz.

Die Jugendgruppen in allen Kölner Pfarrgemeinden und Gruppierungen des BDKJ formulierten in zahlreichen Meditationen und Gesprächen Texte und Gebete zu diesem Thema.

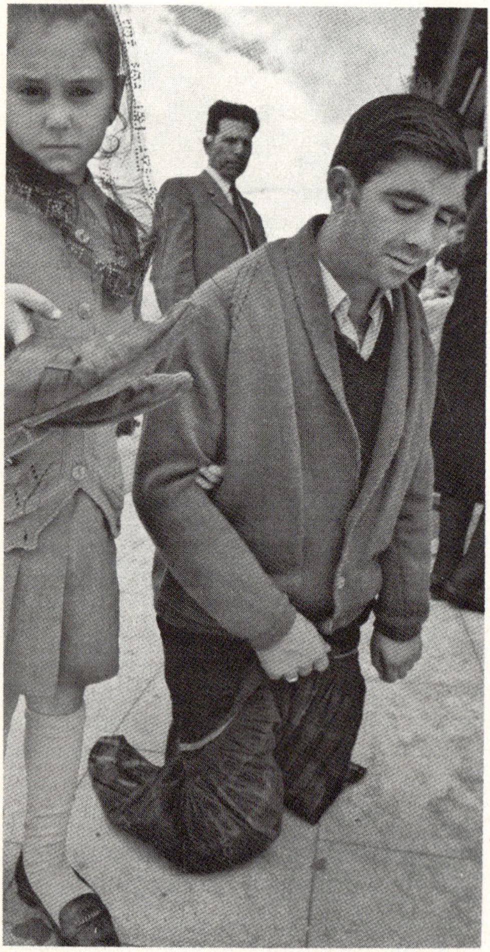

194

5.5 Ethik

195 Darüber, was das Eigentliche einer christlichen Ethik sei, werden von Theologen immer wieder neu Auseinandersetzungen geführt. Die Antwort fällt zumeist sehr zurückhaltend aus: Das Christentum biete von seinen Grundlagen im Neuen Testament vor allem eine besondere Motivation und allgemeine Orientierung für das Handeln, lasse aber im konkreten Einzelfall eine breite Skala von Entscheidungsmöglichkeiten und kulturell bedingten Ausformungen zu. Als zentraler, jedoch stets neu auszulegender Maßstab wird dabei mit Berufung auf die Botschaft Jesu in den Evangelien die Nächstenliebe angegeben. Die folgenden Texte sind darauf konzentriert (196–200). Durch den Einblick, den sie in Mentalität und Ethik anderer Religionen und Kulturen bieten, wird zum einen die Frage aufgeworfen, wie unterscheidend christlich dieser Maßstab ist, zum anderen aber der Hinweis gegeben, daß aus der Sicht anderer Religionen die Nächstenliebe in ihrem außerordentlichen Anspruch ständig Ursache des Scheiterns der Christen ist (201).
Zu einzelnen Texten: 188: Rabbi Akiba starb 135 n. Chr. als Märtyrer für seinen jüdischen Glauben.
Sein Jüngergenosse Rabbi Schim'on ben Asai – er lebte um 110 n. Chr. – begründete die Universalität der Nächstenliebe von der Einheit des Menschengeschlechts und von der Gottesebenbildlichkeit des Menschen her. Dieser Argumentation ist man dann in späterer Zeit gefolgt. Auch dem Islam würde man Unrecht antun, wollte man behaupten, daß es hier neben dem sehr stark ausgeprägten Gefühl brüderlicher Liebe gegenüber allen, die zur Umma (125–126) gehören, nicht auch die Vorstellung von einer einheitlichen Menschheit gäbe sowie der Verantwortung gegenüber dem nichtmuslimischen Nachbarn.
Nach traditioneller christlicher Auffassung wird demjenigen, der nicht in Reue umkehrt zu Gott, keine Erlösung zuteil. Aus buddhistischer Sicht (202–204) erscheint daher christliche Liebe wenig überzeugend, nicht zuletzt auch deshalb, weil die buddhistische Liebe (Metta) sich auf alle Lebewesen erstreckt (58–60). Ist es zutreffend, daß das Christentum über keine Lehre allumfassender Liebe verfügt? In der orthodoxen Kirche des Ostens nimmt die Idee der Liebe Gottes eine dominierende Stellung ein: letztlich werden alle Sünder erlöst und dem ewigen Leben zugeführt. Haben wir in unserem westlichen Christentum, im Katholizismus und Protestantismus gleicherweise, über allem rechtlichen Denken – hier Gerechter, dort Sünder – etwa die Worte des Gekreuzigten vergessen: „Vater, vergib ihnen ..." (Lk 23, 34)?

Nächstenliebe und Nachfolge

196 1. Nächstenliebe ist eine Grundforderung der christlichen Sittlichkeit: „Du sollst deinen Nächsten lieben wie dich Selbst (Mt 22, 39; 19, 19; 2 Joh 5; vgl. 2. Vat. Konz., Gaud. et sp. 24, 27, 38). Jedes andere Gebot über das Verhalten zum Mitmenschen will in irgendeiner Hinsicht zur Verwirklichung der Nächstenliebe anleiten ... Die christliche Nächstenliebe hat eben die Besonderheit, daß sie aus der in Christus erlangten Gottverbundenheit des Menschen erwächst, ja Mitlieben in der Liebe Gottes ist, die in Christus dem Menschen zuteil wird ...
Da wir der Liebe Gottes, deren Teilhabe uns aufgetragen ist, in Christus begegnen, zeigt sich in der Nächstenliebe deutlich, daß der christlichen Sittlichkeit die Nachfolge Christi wesentlich ist: „Das ist mein Gebot, daß ihr einander liebet, wie ich euch geliebt habe" (Joh 15, 12).
2. Wie Liebe überhaupt, besteht auch die Nächstenliebe ihrem Wesen nach in der *Bejahung der geliebten Person*, ihres Daseins, ihrer schon bestehenden oder erst zu verwirklichenden Werte. Wenn das Gebot sagt, daß wir den

Nächsten wie uns selbst lieben sollen (Mt 22, 39), weist es unserer Einstellung zum Mitmenschen die Richtung: Wie wir für uns selbst Dasein und Entfaltung wünschen, sollen wir sie auch für unsere Mitmenschen bejahen ... Das Gebot der Nächstenliebe ist nicht ein Gebot, das mit einer Leistung erfüllt ist und daher nicht weiterverpflichtet (Erfüllungsgebot); es verlangt vielmehr ein ständiges Bemühen in derselben Richtung (Richtungs- oder Zielgebot). Wer Liebe verwirklicht, muß sich dessen bewußt sein, daß er weiter Liebe schuldet.

197 *Ein christlicher Versuch, Liebe nach ihren Aspekten zu gliedern*

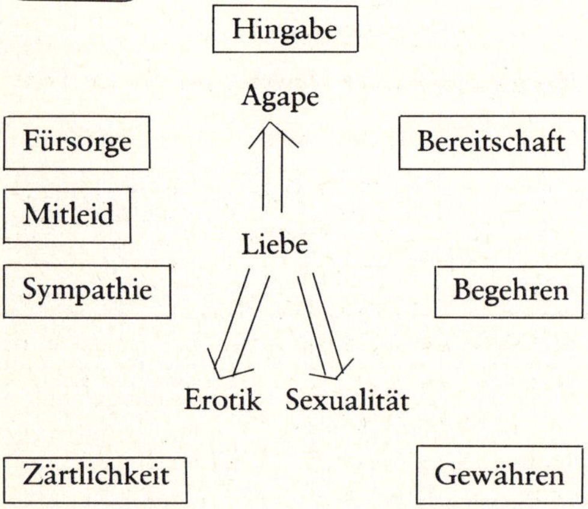

Nächstenliebe und die Theologie der Befreiung

198 „Wenn die Wahrheit uns frei macht" (Joh 8, 32), dann wird uns der Geist, der „uns den Weg der ganzen Wahrheit führt" (Joh 16, 13), auch zur vollen Freiheit bringen. Unter Freiheit verstehen wir hier die Möglichkeit, uns als Menschen und Kinder Gottes zu verwirklichen, und die Chance, zu lieben und in die Gemeinschaft mit Gott und den anderen Menschen einzutreten.

Eine Spiritualität der Befreiung wird ihr Zentrum in der Bekehrung zum Nächsten finden müssen, zum unterdrückten Menschen, zur ausgebeuteten sozialen Klasse, zur verachteten Rasse und zum beherrschten Land. Unsere Bekehrung zum Herrn geht durch diese Bewegung hindurch. Wer sich bekehrt, weiß und erfährt, daß man – anders als in der Welt der physikalischen Gesetze – nur dann im Sinn des Evangeliums aufrecht steht, wenn unser Schwerpunkt außerhalb unserer selbst liegt.

Gott der Rache
Psalm 93 (94)

199 Gott der Rache,
Gott der Vergeltung,
zeige Dich!
Wie lange noch, Herr,
soll ihre Partei triumphieren?
Ihre Worte sind nichts als Propaganda,
sie reden nur Schlagworte.
Herr, beschütze die ausgebeuteten
und die unterdrückten Klassen ...
Der Herr gibt sein Volk nicht auf,
er läßt die Ausgebeuteten nicht ohne Schutz.
Eines Tages wird die Gerechtigkeit wieder in die Gerichtshöfe einziehen,
und die Richter werden gerecht sein ...
Der Herr ist mein Schutz.

Der Jude Jesus und die Nächstenliebe

200 Das Toragesetz fordert (Lev 19, 18): ‚Liebe deinen Nächsten wie dich selbst'. Hiezu sagt Rabbi Akiba (Jer. Talmud Nedarim 9, 4): ‚Dies ist ein Hauptgrundsatz in der Tora'. Ben Asai bemerkt hierzu: ‚Es gibt einen noch wichtigeren Grundsatz, nämlich (Gen 5, 1): Dies ist das Buch der Nachkommen des Adam. Am Tage, da Gott den Menschen schuf, machte er ihn in der Ähnlichkeit Gottes'. Die Bemerkung Ben Asais will den Grundsatz der Nächstenliebe auf seine Fundamente zurückführen, auf seine

Quelle, nämlich die Gottesebenbildlichkeit sämtlicher Menschen. Hieraus ergibt sich die Universalität der jüdischen Nächstenliebe, die Juden und Nichtjuden, Freund und Feind umfaßt. ‚Die Frage: Wer ist mein Nächster? wird im Talmud mehrfach behandelt und im Sinne des Monotheismus klar und lichtvoll gelöst. Der einzige Gott kann nicht zweierlei Menschen geschaffen haben.

Ausdrücklich wird der Fremdling in die Nächstenliebe miteinbezogen (Lev 19, 34): ‚Wie der Einheimische gelte auch der Fremdling, der bei euch weilt, und du sollst ihn lieben wie dich selbst!' Denn Gott selbst ‚liebt den Fremdling, ihm Brot und Kleidung zu geben' (Deut 10, 18).

Und bezüglich des Feindes heißt es (Ex 23, 4f.): ‚Wenn du triffst auf den Ochsen deines Feindes oder auf einen Esel, der irre geht, bringe ihm diesen zurück. Wenn du siehst den Esel deines Feindes erliegend unter seiner Last, solltest du etwa unterlassen, ihm zu helfen? (Nein,) helfen sollst du ihm.' Ferner (Prov 24, 17): ‚Wenn dein Feind fällt, freue dich nicht' (ähnlich Hiob 31, 29 und 25, 21): ‚Wenn dein Feind hungert, gib ihm Brot zu essen' etc.

Die neutestamentlichen Stellen über Nächstenliebe stellen sich den alttestamentlichen und zeitgenössischen jüdischen Quellen würdig an die Seite, sei es durch Anlehnung an jüdische Quellen, sei es durch neue Formulierungen. Was aber zu Mißverständnissen im ethischen Bereich Anlaß gegeben hat, ist u. a. folgende Stelle in der Bergpredigt (Mt 5, 38): ‚Ihr habt gehört, daß gesagt ist: ‚Auge um Auge', und ‚Zahn um Zahn'. Ich aber sage euch: dem Argen nicht widerstehen, sondern wenn jemand auf die rechte Backe schlägt, so reiche ihm die andere hin'. Zum Vordersatz ist zunächst zu bemerken, daß der Bergprediger unmöglich das ‚jus talionis' gemeint haben kann, denn dieses wurde im Judentum, aus dem Jesus hervorging, nie praktiziert; vielmehr wurde der Vers (Ex 21, 24) von der gesamten Traditionsliteratur, also auch von Jesus, aufgefaßt: ‚Er ersetze ihm den Wert des Auges'. (Vgl. z. B. Baba qamma 84 a) Daß der Vers tatsächlich so aufgefaßt werden muß, geht schon aus der Fortsetzung hervor, wo ausdrücklich festgestellt wird, daß ein Herr, der seinem Knecht ein Auge oder auch nur einen Zahn ausschlägt, ihm dafür die Freiheit schenken muß, also Schadenersatz für den Verlust des Auges oder Zahnes leisten muß.

Was nun Jesus meinte, ergibt sich klar aus der Fortsetzung: ‚Ich aber sage euch' usw., ‚wenn dich jemand auf die rechte Backe schlägt' usw. Es wird also dem jüdischen Prinzip der Vergeltung (nicht der talionischen, sondern der Vergeltung überhaupt) gegenübergestellt der freiwillige Verzicht auf Vergeltung, auf Strafe von seiten des Angegriffenen.

Diskussionsanstoß: *Grenzen der Feindesliebe*

Krieg und Frieden

201 Es ist richtig, daß der Islam auch eine Gesetzgebung für den Kriegsfall hat, während das Christentum dem Menschen befiehlt, die andere Wange hinzuhalten und nachgiebig und sanft in seiner Lehre ist. Aber dabei wird vergessen, daß eine Religion entweder für Heilige bestimmt ist, wie Christus sagt, „Mein Reich ist nicht von dieser Welt" und damit alle politischen, sozialen und wirtschaftlichen Fragen beiseite läßt und seine Anhänger als potentielle Heilige betrachtet – dies kann nur in einer Gesellschaft von Heiligen funktionieren – oder eine Religion versucht, die Totalität des menschlichen Lebens zu umfassen. In diesem Fall muß man die ganze Natur des Menschen mit allen ihren Schwächen und Mängeln in Betracht ziehen und ebenso für die politischen, wirtschaftlichen und religiösen Aspekte seines Lebens Gesetze geben ...

Die buddhistische Metta

202 Aus einem fiktiven Gespräch zwischen Mr Thompson und einem buddhist. Laienanhänger (Upasaka = U.).

Mr T.: Aber wie unterscheidet sich denn Buddhas Lehre von der Liebe von der des Christentums ...?

U.: Es bestehen sehr große Unterschiede. Das Christentum sagt: „Liebe deine Feinde und jene, die dich verächtlich behandeln", und hierin besteht eine enge Verwandtschaft zur Lehre des Buddha. Aber christliche Liebe ist auf Gott und die menschlichen Wesen beschränkt. Es schließt nicht die niedrigeren Formen des Lebens mit ein, die nach christlicher Auffassung zu des Menschen Gebrauch und Freude geschaffen sind. In der Praxis zeigen Christen große Liebe und Güte gegenüber Tieren, aber das ändert nichts an der Tatsache, daß die christliche Religion dies nicht verlangt. ... es sind nur bestimmte Arten von Tieren, die sie lieben. Andere jagen und töten sie ohne Gewissensbisse. Ferner, das Christentum fordert von seinen Anhängern nicht, den Teufel zu lieben oder die verdammten Seelen in der Hölle. Der Buddhismus jedoch schließt niemanden aus. Die Wesen im Zustand des Leidens sind die hauptsächlichen Objekte des Mitleids, und den Buddhisten wird gelehrt, mit ihnen den Verdienst ihrer guten Taten zu teilen, damit ihre Schmerzen gelindert werden. Ein weiterer Unterschied ist der, daß die buddhistische Metta keine Gefühlsregung ist, die in Zorn und Gewalt sich wenden kann, in wildes Beschuldigen der Sünder und Drohungen ewiger Bestrafung. Der ausdrückliche Befehl, „die Sünde zu hassen, aber den Sünder zu lieben" ist in Wirklichkeit sinnlos. Es ist unmöglich, da der Sünder und seine Sünde nicht voneinander getrennt werden können ... Die Unhaltbarkeit dieser Idee zeigt sich darin, daß der Gott selbst die Sünder nicht liebt. Täte er es, so könnte er sie nicht in die Hölle werfen.

Mr T.: Es ist wirklich erschreckend, wie wir bedeutungslose Worte als tiefe Weisheit akzeptieren.

U.: Im Klartext: Das Christentum verfügt über keine vernünftige Lehre von der Liebe. Es wird kein Versuch unternommen, dem Menschen zu erklären, warum er seinen Feind lieben soll. Es ist einfach ein Gebot Gottes. Dennoch steht fest, daß Gott selbst nicht mehr jene liebt, die in ihrer Rebellion gegen ihn verharren. Und man muß sich dessen erinnern, daß dieser Gott, der nicht vergeben kann, nicht wirklich von einem Sünder verletzt wird. Wie kann ein schwächlicher Sterblicher dem „ewigen und allmächtigen Gott" einen tatsächlichen Schaden zufügen? Aber der Feind, den der Mensch lieben und dem er vergeben soll, ist jemand, der ihm einen wirklichen Schaden zugefügt hat und ihm in der Zukunft möglicherweise noch einen weiteren Schaden antun wird. Was kann man also daraus schließen?

Mr T.: Daß vom Menschen erwartet wird, mehr zu lieben und zu vergeben als Gott.

U.: Ja, genau so.

Buddhistische Wertetafel

203 Ich nehme auf mich die Verpflichtung, mich vom Töten lebendiger Wesen zu enthalten.

Ich nehme auf mich die Verpflichtung, nicht zu nehmen, was nicht gegeben wird.
Ich nehme auf mich die Verpflichtung, mich eines unkeuschen Lebenswandels zu enthalten.
Ich nehme auf mich die Verpflichtung, mich falscher Rede zu enthalten.
Ich nehme auf mich die Verpflichtung, mich destillierter und gegorener Rauschtränke, die Nachlässigkeit bewirken, zu enthalten.
Ich nehme auf mich die Verpflichtung, nicht außerhalb der Zeit zu essen.
Ich nehme auf mich die Verpflichtung, mich zu enthalten von Tanzen, Singen, Musik, des Besuches von Schaustellungen, des Tragens von Kränzen, des Schmückens mit Parfümen und der Verschönerung mit Kosmetika.
Ich nehme auf mich die Verpflichtung, mich eines hohen oder großen Bettes zu enthalten.

204

Brüllen dröhnt in den Schlachthöfen.
Wer hört es? Wohin tönt es? zu Gott.
Blut dampft in den Schlachthöfen.
Wer sieht es? Wohin fließt es? Zu Gott.
Angst bebt in den Schlachthöfen.
Wer fühlt sie? Wohin führt sie? Zu Gott.
Wo ist der Gott der Tiere? Er wohnt auf Erden.
Wer ist der Gott der Tiere? Es ist der Mensch.
Wer hört das Brüllen der Schlachthöfe?
Wer sieht das Blut der Schlachthöfe?
Wer fühlt die Qual der Schlachthöfe?
Kein Mensch.
Das Brüllen der Angst, die Bäche des Blutes,
die Schreie des Todes flehen zum Menschengott:
„Öffne dein Herz!"
Doch des Erdengottes Ohren sind verschlossen.
Nicht will er sehen das Blut.
Unbewegt, erhaben über fremden Schmerz,
lächelt der Gott der Tiere.
Kein Erbarmen kennt der Mensch!
Abseits stehen die Gütigen und weinen.

205 Sechs Jahre arbeitete der Schweizer Autor Hans Ruesch an einer Dokumentation menschlicher Grausamkeit an hilflosen Labor-Tieren!
Ein Hund wird gekreuzigt, weil man die Dauer des Todeskampfes Christi untersuchen will. Eine trächtige Hündin wird aufgeschlitzt, weil der Muttertrieb des leidenden Geschöpfes beobachtet werden soll. An einer Universität stellt man Versuche an, die bei Hunden und Katzen schwere Krämpfe hervorrufen – um die Gehirnwellen der Tiere während der Zuckungen zu studieren ...

206 Dem Christentum ist eine brüderliche Einstellung zur Kreatur wohl weitgehend – zumindest in der Praxis – verloren gegangen. Dennoch kennt es sie, wie z. B. die Gestalt des Franz von Assisi (1181–1226) zeigt.

Aus einer frühen Legende über den heiligen Franz:
Was der heilige Franz den Vögeln sagte, war dies: ‚Viel verdankt ihr Gott, meine Geschwister Vögel, und müßt Ihn deshalb allezeit und allerorten loben. Ihr habt die Freiheit, überallhin zu fliegen; ihr habt Kleidung, doppelt und

dreifach; habt einen bunten, zierlichen Habit; habt Speise, ohne sonderliche Mühe erworben; habt einen Gesang, vom Schöpfer euch eingegeben, und seid eine große Schar, durch Gottes Segen vermehrt. Schon in der Arche hat er euer Geschlecht bewahrt. Das Element der Luft ward euch zugewiesen. Ihr säet nicht, ihr erntet nicht, und Gott ernähret euch. Er gab euch Bach und Quelle zum Trunke, Berge und Hügel, Felsen und Klüfte zu eurer Zuflucht, ragende Bäume zum Nisten, und wenn ihr auch gleich nicht zu nähen noch zu weben versteht, gibt er doch euch und euren Kindern die nötige Kleidung. Also liebt euch der Schöpfer gar sehr, da Er euch so viel Gutes erwiesen hat. Darum sollt ihr auch darauf achten, meine Geschwister Vögel, daß ihr nicht undankbar seid, sondern beeifert euch alle Zeit, Gott zu loben!‘ Auf diese Worte des heiligen Franz hin begannen die Vögel samt und sonders ihre Schnäbel zu öffnen, ihre Flügel zu spannen, die Hälse zu recken, neigten ehrerbietig die Köpfe bis zur Erde und bekundeten mit Sang und Gebärde, daß ihnen die Worte des Heiligen groß Ergötzen bereiteten. Wie er das schaute, empfand er eine wundersame Freude im Geiste, und da er voll Staunen ihre große Menge, ihre herrliche Mannigfaltigkeit, ihre Zuneigung und einträchtige Vertraulichkeit sah, pries er in ihnen den wunderbaren Schöpfer und lud sie mit liebreichem Zuspruch zu dessen Lobe.

⇨ 8, 9, 16–24, 58–60, 93–96, 142–151.

Autoren

Alfaro, Juan: s. Seibel, Wolfgang / Mysterium salutis.

Amery, Carl (geb. 1922), katholischer Schriftsteller, lieferte 1963 mit seinem Essay „Die Kapitulation oder Deutscher Katholizismus heute" eine Studie des katholischen Milieus.

Askari, Hasan (geb. 1932), Professor für Soziologie an der islamischen Universität in Aligarh (Indien), vertritt die Idee der Freiheit des Menschen vor Gott.

(al)-Azm, Sadiq, G. (geb. 1934), syrischer Marxist, empörte durch sein Buch „Kritik des religiösen Denkens" (1969) die orthodoxen Kreise des Islams.

Baeck, Leo, (1873–1956), letzter Lehrer des deutschen Judentums, überstand das Konzentrationslager und wurde 1945 Präsident der „World Union for Progressive Judaism". Baeck verstand sich immer als Vertreter eines liberalen Judentums.

Balić, Ismail (Smail) (geb. 1920), österreichischer Muslim und bedeutender Sprecher des europäischen Islams.

Barth, Karl (1886–1968), bedeutender Dogmatiker des neuzeitlichen Protestantismus. Seine „dialektische Theologie" wertet Religionen als „Unglaube". Der christliche „Glaube" ist eine hiervon völlig verschiedene Größe.

Ben Chorin, Schalom (1913), dem liberalen Judentum nahestehender freier Schriftsteller.

Bhikkhu (= Mönch) Khantipalo (geb. 1932), in Australien lebender englischer Buddhist.

Blue, Lionel (geb. 1930), Rabbiner der „Reform Synagogues of Great Britain", Vorsitzender des Beth Din (rabbinischer Gerichtshof), Autor und Lehrer am Leo Baeck College, London.

Böckle, Franz (geb. 1921), katholischer Moraltheologe, arbeitet vor allem auf dem Gebiet der sog. Fundamentalmoral, d. h. jenem Gebiet, wo es letztlich darum geht, christliche Moral in ihrem unverwechselbaren Anspruch zu begründen.

Bonhoeffer, Dietrich (1906–1945), protestantischer Theologe, wurde als Widerstandskämpfer gegen den Nationalsozialismus verhaftet und hingerichtet.

Bultmann, Rudolf (1884–1976), bedeutender lutherischer Theologe, wollte über die Entmythologisierung des Neuen Testaments die eigentliche Heilsbotschaft herausarbeiten und den heutigen Menschen zur persönlichen Entscheidung nahebringen.

Cardenal, Ernesto (geb. 1925), Dichter, Trappisten-Mönch, Gründer einer Einsiedelei sowie einer Elementarschule und Poliklinik für die Bauern in Solentiname, Nicaragua.

Cragg, Kenneth (geb. 1913), anglikanischer Theologe und Orientalist, Kenner moderner theologischer Strömungen im Islam.

Dharmapala Amagarika, (1864–1933), gründete 1891 in Colombo/Sri Lanka (Ceylon) die erste „Maha Bodhi Society", die heute von Indien aus sich um die Verbreitung der Lehre Buddhas bemüht.

Dhavamony, Mariasusai, indischer Jesuit, lehrt Hinduismus und Religionsgeschichte an der Universität Gregoriana zu Rom; Veröffentlichungen über Hinduismus und Buddhismus.

Dirks, Walter (geb. 1901), katholischer Publizist, 1956–1967 Leiter der Hauptabteilung Kultur des Westdeutschen Rundfunks.

Döllinger, Ignaz von (1799–1890), katholischer Kirchenhistoriker an der Universität München; wegen Verweigerung der Zustimmung zum Unfehlbarkeitsdogma 1871 von der Kirche verurteilt.

Eckardt, Alice u. Roy, Professoren der theologischen Fakultät der Lehigh Universität, Bethlehem, Pennsylvania, USA. Die Verfasser beschäftigen sich hauptsächlich mit Problemen, die das Holocaust für die Theologie bedeutet.

Ehrlich, Ernst Ludwig (geb. 1921), Direktor der jüdischen Arbeitsgemeinschaft in der Schweiz, Herausgeber der Zeitschrift „Christlich-jüdisches Forum".

Ess, Josef van (geb. 1934), seit 1968 Ordinarius für Islamkunde an der Universität Tübingen.

(al)-Faruqi, Ismail R. A. (geb. 1921), islamischer Philosoph, steht kritisch sowohl der von der Allmacht Gottes ausgehenden Orthodoxie als auch den die Freiheit des Menschen absolut setzenden säkularen Muslimen gegenüber.

Greenberg, Moshe, lehrte Hebräisch und Semitistik an der Universität von Pennsylvania und ist heute Leiter der Abteilung für Bibel-Studien an der Hebräischen Universität in Jerusalem.

Guardini, Romano (1885–1968), Theologe und Religionsphilosoph mit großem Einfluß auf die Gebildeten des deutschen Katholizismus; Veröffentlichungen zu Liturgie, Religionsphilosophie und Weltliteratur.

Gutiérrez, Gustavo (geb. 1928), Professor für Theologie und Sozialwissenschaften an der Universität von Lima/Peru, treibt Theologie unter den Voraussetzungen seines Kontinents.

Haikal, Muhammad Hussein (1888–1956), ägyptischer Liberaler. Zu seinen bedeutendsten Werken gehört die zitierte Muhammad-Biographie.

Hanafi, Hasan (geb. 1935), ein dem Sozialismus nahestehender islamischer Denker.

Havers, Norbert (geb. 1942), 1972 Promotion in Erziehungswissenschaften an der Universität München; Forschungstätigkeit in diesem Gebiet.

Hecker, Hellmut (geb. 1923), deutscher Buddhist.

Hierzenberger, Gottfried / Kammerstätter, Johannes: Die Autoren versuchen das theologische Vokabular, das in den unterschiedlichsten Verwendungssituationen auftaucht, wieder zum Leben zu bringen, indem sie Wort und Inhalt in eine unverbrauchte Sprache stellen. Dabei beziehen sie heutige theologische Diskussionen und Überlegungen mit ein.

Hörmann, Karl, Professor für Moraltheologie an der Universität Wien.

Humphreys, Christmas (geb. 1901), Jurist, gründete 1924 die „Buddhist Society" in London, Autor zahlreicher Schriften zum Buddhismus, tritt für den Zusammenschluß der buddhistischen Schulen ein.

Hussain, Muhammad Kamil (geb. 1901), ägyptischer Arzt und Schriftsteller, Vertreter eines dem Dialog aufgeschlossenen Islams. Sein in viele Sprachen übersetztes Werk „Sündige Stadt" (1953) handelt vom Kreuzigungstag in Jerusalem.

Ibish, Yusuf, K., Professor für Politische Theorie und Institutionen des Islams an der Amerikanischen Universität in Beirut, Kenner der islamischen Mystik.

Indapanno, Buddhadasa, bedeutender zeitgenössischer thailändischer Mönchsgelehrter; interessiert am Gespräch zwischen Buddhismus und Christentum.

Jacobs, Louis (geb. 1920), einer der fähigsten Theologen der britischen Orthodoxie; wegen Meinungsverschiedenheiten über gewisse Lehren aus der United Synagogue, der Vereinigung der Britischen Orthodoxen Synagogen, ausgeschieden. Er mußte sich eine eigene Gemeinde schaffen, deren Gemeinderabbiner er ist.

Karp, Eva (geb. 1939), deutsche Buddhistin.

Kessler, Hans (geb. 1938), geht es darum aufzuzeigen, wie sich aus der Praxis und Gotteserfahrung Jesu ein gewandeltes Erlösungsverständnis ergibt, das für den Einzelnen und die Gesellschaft befreiend wirken kann.

Küng, Hans (geb. 1928), katholischer Theologe, bietet in seinem Werk eine Einführung ins Christsein. Es geht nicht allein um Lehre sondern gerade um die Tatsache, daß diese Lehre relevant sein muß für Handeln und Verhalten.

Kupfer Koberwitz, Edgar (geb. 1906), ein dem buddhistischen Gedankengut nahestehender freier Schriftsteller, der sich auch mit dem Nationalsozialismus auseinandersetzte.

Levinson, Nathan Peter (geb. 1921), emigrierte 1941, Landesrabbiner von Baden und Präsident des Internationalen Rates der Christen und Juden.

Link, Hans-Günter (geb. 1939), studierte Theologie und Geschichte, Verlagstätigkeit.

Loisy, Alfred (1857–1940), Bibelwissenschaftler, wegen modernistischer Lehren von der Kirche verurteilt.

Machovec, Milan (geb. 1925), lehrte von 1953–1970 an der Karls-Universität in Prag.

Mann, Ulrich (geb. 1915), bedeutender protestantischer Theologe und Religionswissenschaftler in Saarbrücken; bemüht um ein „synoptisches" Gespräch der Theologie mit ihren Nachbarwissenschaften.

Marsch, Wolf-Dieter (1928–1972), protestantischer Systematischer Theologe.

Marti, Kurt (geb. 1921), protestantischer Pfarrer und Schriftsteller in Bern.

Maybaum, Ignaz (1897–1976), emigrierte 1939 nach England, wirkte dort mit großem Erfolg als Rabbiner, Theologe und Religionswissenschaftler für die „Reform Synagogues of Great Britain".

Mensching, Gustav (1901–1978), führender Vertreter der „Religionswissenschaft des Verstehens" im deutschsprachigen Raum und Nestor der deutschen Religionswissenschaft, Schüler Rudolf Ottos.

Moltmann, Jürgen (geb. 1926), protestantischer Systematischer Theologe. In Auseinandersetzung mit dem marxistischen Philosophen Ernst Bloch entwarf er seine einflußreiche „Theologie der Hoffnung".

Muhyi ad-Din, Chalid, ägyptischer Politiker.

Nasr, Seyyid Hossein (geb. 1933), persischer Schiit und seit 1974 Direktor der Iranischen Philosophischen Akademie; führender islamischer Denker und einer der besten muslimischen Kenner des Christentums.

Nikhilananda, Swami (= geistlicher Herr), seit 1924 Mönch des indischen Ramakrishna-Ordens, ging 1931 nach Amerika, wo er das Ramakrishna-Vivekananda Center in New York gründete.

(an)-Nowaihi, Muhammad, islamischer Arabist an der Amerikanischen Universität in Kairo.

Ott, Heinrich (geb. 1929), Schüler K. Barths und R. Bultmanns, Nachfolger Barths auf dessen Lehrstuhl in Basel.

Ott, Ludwig, katholischer Theologe, gliedert sein einbändiges Werk in traditioneller, trinitarischer Struktur: Gott der Eine und Dreipersönliche, der Schöpfer, der Erlöser, der Heiligmacher. Dabei formuliert er Thesen, die er durch die amtliche Lehre und ihre Begründung in den Glaubensquellen belegt.

Otto, Rudolf (1869–1937), bedeutender protestantischer Systematischer Theologe. Sein Hauptwerk „Das Heilige" (1917) hat auf die Theologie, vor allem aber auf die Religionswissenschaft bahnbrechend gewirkt.

Petuchowski, Jakob, Josef (geb. 1925), emigrierte vor Ausbruch des II. Weltkrieges, prominenter Theologe des liberalen amerikanischen Judentums, lehrt an dem Hebrew Union College in Cincinnati/USA.

Prijs, Leo (geb. 1920), emigrierte 1933, Vertreter des orthodoxen Judentums, seit 1968 Professor für Judaistik an der Universität München.

Radhakrishnan, Sarvapalli (1888–1975), indischer Philosoph und Religionswissenschaftler, Professuren in Indien und Oxford/England, 1949–1951 Botschafter in Moskau, 1952 Vizepräsident, 1962–1967 Präsident der Indischen Republik, 1961 Friedenspreis des deutschen Buchhandels.

Rahner, Karl (geb. 1904), führender katholischer Dogmatiker. Im Horizont der christlichen Offenbarung gehört nach R. zum Menschsein seine Verwiesenheit auf einen freien, absoluten, unendlichen Grund, „Gott" genannt, um den jeder in seiner Kreatürlichkeit notwendig weiß, auch wenn er das nicht zu reflektieren vermag. Von daher sucht R. auch, den Nicht-Christen gerecht zu werden.

Ramakrishna (1834–1886), bedeutender Vertreter des sog. Neuhinduismus, verkündete die All-Einheit des Göttlichen und erstrebte eine übergreifende Synthese aller Religionen.

Rosenzweig, Franz (1886–1929), jüdischer Philosoph und Autor des Buches „Der Stern der Erlösung" (1921), das zu den wichtigsten Dokumenten jüdisch-christlicher Begegnung vor 1933 gehört.

Schillebeeckx, Edward (geb. 1914), unternimmt in seinen jüngsten Veröffentlichungen den Versuch, Werden und Gestalt des christlichen Glaubens, als dessen Mitte und Grund er Jesus, das große Heilswerk Gottes in dieser Welt ansieht, begründet mitvollziehbar zu machen.

Schoonenberg, Piet (geb. 1911), unternimmt in seinem Werk den Versuch, die Lehre von der Erbsünde aus der Grundsituation des Menschen zu erklären.

Scholl, Norbert (geb. 1931), Professor für Theologie und Religionspädagogik an der Pädagogischen Hochschule Heidelberg.

Schultz, Hans Jürgen (geb. 1928), Chefredakteur/Kultur im Süddeutschen Rundfunk, Autor und Herausgeber zahlreicher Schriften zur Erneuerung der Kirche und zur Konfrontation der Theologie mit Themen unserer Zeit.

Seibel, Wolfgang in: Mysterium salutis. Dieser Grundriß heilsgeschichtlicher Dogmatik ist eine

Gemeinschaftsarbeit katholischer Theologen, die sich im deutschsprachigen Raum den Ergebnissen des II. Vatikanischen Konzils verpflichtet wissen.

Sinha, Jadunath, indischer Gelehrter, bekannt durch seine Biographie Rama Prasadas (bengalischer Dichter und Heiliger des 18. Jh.).

de Silva, Padmasiri (geb. 1933), prominenter Sprecher des ceylonesischen Buddhismus, leitet die philosophische Abteilung der Universität Sri Lanka (= Ceylon).

Smith, Cantwell Wilfred (geb. 1916), international bekannter Islamwissenschaftler und Religionswissenschaftler, lehrt an der Dalhousie University in Halifax/Canada.

Sölle, Dorothee (geb. 1929), protestantische Theologin und Initiatorin des „Politischen Nachtgebets" in Köln. Vertreterin einer politischen Theologie.

Spiegelberg, Frederic (geb. 1897), jüdischer amerikanischer Religionswissenschaftler.

Storey, John. A., englischer Buddhist, durch zahlreiche Publikationen und Beiträge in buddhistischen und wissenschaftlichen Zeitschriften bekannt.

Story, Francis (Anagarika Sugatananda, 1910–1971), gebürtiger Amerikaner, lebte seit den 50er Jahren als Buddhist in Sri Lanka (Ceylon) und wurde durch zahlreiche Schriften zum Buddhismus bekannt.

Subhuti, Anagarika (geb. 1912), Ordensname des deutschen Buddhisten Wilhelm Müller, Leiter der Buddhistischen Gemeinde am Niederrhein, engagiert in der Tierschutzbewegung, Vegetarier, Sozialist und Pazifist.

Sudbrack, Josef (geb. 1925), mit Problemen der christlichen Lebensführung und Meditation befaßt; Redaktionsmitglied der katholischen Zeitschrift „Geist und Leben".

Tagore Rabindranath (1861–1941), bekannter indischer Dichter (Dramen, Gedichte, Romane), 1913 Nobelpreis für Literatur.

Tillich, Paul (1886–1965), führender evangelischer Theologe und Philosoph, verlangte von der Theologie Offenheit für das Gesamt von Kultur und Wissenschaft, damit ihre Fragen und Antworten methodisch und inhaltlich mit den Fragen und Antworten der Zeit zu korrelieren vermögen. Seine eigene grundlegende Antwort ist der Gedanke der „paradoxalen Immanenz des Transzendenten", das als Tiefe des Seins die Welt durchherrscht.

Tilmann, Klemens (geb. 1904), katholischer Religionspädagoge; in seinen jüngeren Veröffentlichungen besonders der Meditation zugewandt.

Trepp, Leo (geb. 1913), bis zur Kristallnacht 1938 Landesrabbiner von Oldenburg. Nach dem Krieg emigrierte Trepp in die USA, wo er als Rabbiner verschiedener Gemeinden amtierte und bis heute als Professor für Philosophie und Geisteswissenschaften dem Napa College (Californien) angehört.

Vierzig, Siegfried, nimmt in der vorliegenden Arbeit Ergebnisse der pädagogischen Diskussion auf, die postuliert, daß die Ziele eines jeden Unterrichts planbar, überprüfbar und nachvollziehbar sein sollen.

Vijayavardhana, D. C., vor einigen Jahren verstorbener ceylonesischer Gutsbesitzer. Seine sozialethischen Ideen haben den modernen Reformbuddhismus beeinflußt.

Vivekananda, Swami (= geistlicher Herr) (1863–1902); bedeutender Vertreter des sog. Neuhinduismus, Schüler Ramakrishnas. Bekannte sich zur Einheit aller Religionen. 1897 schloß V. die Anhänger R.s. zur R.mission zusammen, die sich durch karitative Tätigkeiten auszeichnet.

Wouk, Herman (geb. 1915), einflußreicher jüdischer Schriftsteller in den USA; Verfasser des Romans „Die Caine war ihr Schicksal".

Yahya, Uthman, islamischer, von der mystischen Gotteserfahrung geprägter Professor der al-Azhar-Universität in Kairo, aktiv beteiligt am islamisch-christlichen Dialog.

Glossar

Amitabha — „Von unermeßlichem Glanz", auch Amitayus, „von unermeßlicher Lebensdauer", in Japan Amida genannt, ist der bei weitem beliebteste transzendente Buddha des Mahayana-Buddhismus.

Anthropologie — Lehre vom Menschen

Anthropomorphismus — Übertragung menschlicher Gestalt und menschlichen Verhaltens auf die Gottheit

Atman/Brahman — Atman bezeichnet im Hinduismus das unzerstörbare ewige Selbst im Menschen, das mit dem absoluten göttlichen Selbst – Brahman – im Grunde identisch ist (↗ Monismus), aus ihm stammt und wieder in ihn eingehen soll.

Audition — Grundform religiöser Erfahrung: inneres Hören des Propheten und Ekstatikers auf übernatürliche Laute und Worte, auf die die göttlichen Offenbarungen zurückgeführt werden (↗ Vision).

Buddha/Buddhas — Buddha ist der Würdetitel des historischen Prinzen Siddharta Gautama (560 bis ca. 480 v. Chr.), des Religionsstifters des Buddhismus (↗ Hinayana/Mahayana-B.). Buddha bedeutet „der Erwachte" bzw. „der Erleuchtete", der den bodhi-Zustand („Erwachung, Erleuchtung") erreicht hat. Buddha ist aber im Grunde „ein Typus, der in einem Individuum seine Verwirklichung gefunden hat" (E. Conze). Die Buddhaschaft ist daher nicht auf den historischen Siddharta Gautama beschränkt, sondern vor und nach ihm gab und gibt es eine Vielzahl von Buddhas.

Dharma/Dhamma — Zentraler, aber vieldeutiger Begriff im Hinduismus/Buddhismus.

Hinduismus:
1. universale Ordnung, Weltgesetz
2. ethische, sittliche und religiöse Pflichten allgemeiner Natur
3. Selbstbezeichnung des Hinduismus als sanatana dharma („ewiger Dharma") bzw. varnashrama dharma = die Ordnung des Lebens in Gestalt von varna (↗ Kaste) und ashrama (= vier Lebensstadien)

Buddhismus:
1. die von Buddha „wiederentdeckte" Erlösungslehre, in den „Vier edlen Wahrheiten" zusammengefaßt
2. Bezeichnung der maßgeblichen Lehre des Buddhismus
3. heilige Wahrheit, die die Welt transzendiert (↗ Nirvana)
4. die stromartig letzten Daseinsfaktoren, die durch ständiges Zusammenwirken alles Lebens hervorbringen.

Dualismus — erklärt die Existenz der Welt im Gegensatz zum ↗ Monismus aus zwei entweder gegensätzlichen (gut – böse; Geist – Materie usw.) oder sich ergänzenden (männlich – weiblich) Prinzipien. ↗ Taoismus

eschatologisch — auf die Endzeit, die sog. letzten Dinge bezogen

Fatalismus — Vorstellung eines unabänderlichen, „blinden" Schicksals (lateinisch: fatum) als einer unpersönlichen göttlichen Macht

Häresie — Wörtlich: Abspaltung, Sonderlehre. H. ist Abweichung vom Dogma der Kirche aufgrund willkürlicher Auswahl des Lehrgutes. Im Mittelalter wurde die H. bekämpft und mit der Todesstrafe geahndet. Heute wird sie mit Exkommunikation (= zeitweiliger Ausschluß von Gottesdienst und Sakramenten) bestraft.

Hierophanie — Religionswissenschaftliche Bezeichnung nach Mircea Eliade für ein symbolhaftes Erscheinen des Heiligen (↗ numinos) in profanen Dingen: heilige Steine, Berge, Bäume usw.

Hinayana/Mahayana-Buddhismus
„kleines (geringschätzig)/großes Fahrzeug. Bezeichnungen, welche die Heilsmethode beschreiben. Im Mahayana-B. sollen möglichst viele zum Heil gelangen, während im Hinayana der „einsam wie ein Rhinozeros“ pilgernde einzelne Mönch das ↗ Nirvana anstrebt. Der Mahayana-B. ist gekennzeichnet durch größeren Einfluß des Laientums und durch das Ideal des „Erbarmens“, das die Bodhisattvas (58–60) verwirklichen. Aufgrund seiner Verbreitung (China, Mongolei, Japan, Tibet, Nepal, Korea, Vietnam) auch „nördlicher B.“ genannt. Heute ist Japan das eigentliche Zentrum des Mahayana-B., wo sich dieser zu einer Gnadenreligion entwickelt hat.

Immanenz
Wörtlich: darin-bleiben. Als Nicht-Übersteigen Gegenteil der ↗ Transzendenz.
1. Beschränkung auf das innerweltliche Sein – gelegentlich auch in dem Sinn, daß Gott überall in der Welt der Erscheinung gegenwärtig ist
2. Einschränkung des Erkennens auf das Bewußtsein oder auf Erfahrung

Kaaba
Zentralheiligtum des Islams; würfelförmiges Bauwerk aus Stein, in dessen Südostecke ein Meteorit eingemauert ist. Die K. liegt in der großen Moschee in Mekka. Sie wird bei der Pflichtpilgerfahrt der Muslime dreimal umschritten.

Karma/Kamma
Ursprünglich rituelles Werk. Schlüsselbegriff der *hinduistischen* Seelenwanderungslehre. Jede neue Wiedergeburt wird automatisch durch die Taten in der vorherigen Existenz bestimmt.
Im *Buddhismus* bezeichnet K. einen der Tat voraufgehenden Willensentschluß, nicht jedoch das Resultat.

Kaste
Teils rassisch, teils beruflich begründete hierarchische Gliederung der indischen Gesellschaft. In die Kaste wird man geboren; man hat bestimmte Kastenpflichten (↗ Dharma), zu denen auch die Heirat innerhalb der Kaste gehört. Die klassischen vier Hauptkasten (Priester, Krieger/Adlige, Kaufleute/Bürger, Bauern/Proletariat) sind de facto in mehrere tausend Unterkasten aufgeteilt.

Koran
Die heilige Schrift des Islams, welche die Offenbarungen enthält, die der Prophet Muhammad empfing. Nach muslimischer Vorstellung geht der K. auf ein im Himmel aufbewahrtes Urexemplar zurück. Als vom Menschen nicht veränderbares und nur zu interpretierendes Wort Gottes prägen der K. und seine rechtlichen Vorschriften bis heute fast alle Bereiche der islamischen Kultur.

Mandala
Mystisches Kreis- oder Vieleckbild; in den indischen Religionen Hilfsmittel zur Meditation.

Monismus
All-Einheitslehre; erklärt die Existenz der Welt im Unterschied zum ↗ Dualismus (↗ Atman/Brahman) aus einem einzigen Prinzip.

Monotheismus
Im Gegensatz zum ↗ Polytheismus der Glaube an einen einzigen Gott. Dem M. ist Ausschließlichkeitscharakter eigen, er betont die Absolutheit Gottes, seine Ewigkeit, Allmacht usw.

Mystik
Bezeichnung einer Religionsform, in welcher der Mensch nach einem stufenförmigen Meditationsweg in Gott bzw. im Göttlichen aufgeht (unio mystica). Neben der ↗ Prophetie ist M. eine der beiden Grundstrukturen der Universalreligionen (nach G. Mensching).

Nirvana/Nibbana
Heilsziel im Buddhismus (wörtlich Verlöschen, Verwehen). Es wird erreicht durch Überwindung aller an das Dasein bindenden Faktoren. „Diesseitiges N.“ kann schon in diesem Leben erreicht werden; das eigentliche „jenseitige N.“ erst nach dem Tode, wenn kein ↗ Karma mehr vorhanden ist.

Numinos	Bezeichnung des Heiligen (nach Rudolf Otto)
Polytheismus	Wörtlich: Vielgötterglaube. Im Gegensatz zum ↗ Monotheismus werden viele Götter/Göttinnen verehrt. Diese Gottheiten sind nach familiären hierarchischen usw. Gesichtspunkten geordnet.
Prophetie	Bezeichnung einer Religionsform, die im Berufungserlebnis (↗ Audition, Vision) eines Gotteskünders gründet, den ein personaler Willensgott in Dienst nimmt. Gegensatz zu ↗ Mystik
Samsara	Im Hinduismus und Buddhismus Schlüsselbegriff für den durch ↗ Karma in Gang gehaltenen Geburtenkreislauf
Scharia	das islamische Gesetz; die Scharia kennt vier Wurzeln: den ↗ Koran, die ↗ Sunna, den Analogieschluß, der bei rechtlichen Problemen angewandt wird, für die ↗ Koran und ↗ Sunna keine Antwort bereitstellen können und die Übereinstimmung der Rechtsgelehrten in strittigen Fragen. Die Sch. enthält Regelungen für das Verhältnis zwischen Mensch und Gott und alle Fragen der zwischenmenschlichen Beziehungen. In den meisten Ländern ist Sch. heute nur noch für privatrechtliche Fragen zuständig (Ausnahme: Saudi-Arabien, Libyen, Pakistan und einige Golfstaaten).
Schia	Schia (Abspaltung); Partei, die sich im Frühislam von der ↗ Sunna abspaltete, weil sie nur Nachkommen Alis (Imame), des Vetters und Schwiegersohns des Propheten, als rechtmäßige Kalifatsanwärter betrachtete. Innerhalb der Sch. gibt es verschiedene Schulrichtungen. Hauptunterschiede zur ↗ Sunna: – Erwartung der Wiederkehr des letzten Imams, der das göttliche Reich auf Erden errichtet; – Mensch besitzt einen göttlichen Kern; er ist nicht nur nach seinem Bild geschaffen, sondern in einem Teil seines Wesens mit ihm identisch. – weitere Unterschiede in der Lehre.
Sunna	1. „Orthodoxie" des Islams; das, wovon sich die ↗ Schia abspaltete. 2. Berichte über Worte und Taten des Propheten und seiner Anhänger, die als Norm betrachtet werden und eine Wurzel der ↗ Scharia bilden.
Talmud	Wörtlich: Belehrung, Studium. Der T. besteht aus Mischna (Wiederholung der Lehre) und Gemara (Vollendung des Lernens). Erstere enthält das ursprünglich mündlich tradierte jüdische Religions-, Zivil- und Strafrecht, letztere die Vortragsprotokolle der Gesetzeslehrer zur Mischna. Es gibt zwei Talmude: Jerusalemischer oder Palästinensischer T. (4. Jh. n. Chr.) und Babylonischer T. (um 500).
Taoismus	Eine der Religionen Chinas. T. geht auf den legendären Religionsstifter Laotse und seinen Schüler Tschuangtse (etwa 4./3. Jh. v. Chr.) zurück. Durch Aufnahme okkulter, magischer und naturphilosophischer Spekulationen entartete der T. zusehends. Tao (wörtl. „Weg") ist ein chinesischer Schlüsselbegriff und bezeichnet in der Frühzeit die „in Natur und Menschenleben waltende Ordnung" und eine letzte, hinter dem uranfänglichen ↗ Dualismus von Himmel und Erde und den Urprinzipien Yin (= weiblich) und Yang (= männlich) stehende einheitliche Größe: das ↗ „numinose Ursein" (G. Mensching).
Tathagata	„Der Vollendete", wörtlich: der „so Gegangene" oder „so Gekommene", ursprünglich eine Ehrenbezeichnung für den historischen Buddha Gautama
Theravada-Buddhismus	„Lehre der Ältesten", benannt nach den 500 Ältesten, die der Tra-

dition nach kurz nach Buddhas Tod die Lehre festgesetzt haben. Die einzige der älteren Schulen, die heute in Sri Lanka (Ceylon), Birma, Thailand, Kambodscha, Laos und Ostbengalen (Bangladesch) vorherrschend ist, auch „südlicher" oder „Pali-Buddhismus" genannt. Vom später entstandenen ↗ Mahayana-B. wurde diese Richtung sowie andere Schulen zusammenfassend mit dem Spottnamen ↗ Hinayana-B. belegt.

Tora — Wörtlich: Weisung, Unterweisung, bezeichnet im engeren Sinne die Fünf Bücher Moses, die Hauptquelle jüdischen Rechts und jüdischer Ethik sind. Aus jüdischer Sicht ist die T. eine Gnadengabe Gottes und sichtbarer Ausdruck seines geoffenbarten Willens. In einem allgemeineren Sinne meint T. die Gesamtheit aller Vorschriften der jüdischen Religion.

Transzendenz — Wörtlich: Übersteigung oder Überstieg. Das Überschreiten der Grenzen der Erfahrung, des Bewußtseins, des Diesseits – wobei dieser Überstieg auf ein Absolutes oder „Gott" hin gedacht sein kann. Gegensatz zu ↗ Immanenz

Vision — Grundform religiöser Erfahrung: Erscheinung vor dem geistigen Auge, inneres Schauen, das sich meistens auf örtlich Entferntes oder zeitlich Künftiges richtet. Vielfach sind ↗ Audition und Vision miteinander verbunden.

Weiterführende Literatur

Benz, Ernst: Beschreibung des Christentums, München 1975 (dtv 4156)

* Blue, Lionel: Wie kommt ein Jude in den Himmel? Der jüdische Weg zu Gott, München 1976

Bräker, Hans: Der Weg nach Asien, Olten und Freiburg 1978

Conze, Edward: Der Buddhismus, Stuttgart [5]1974 (Urban-TB 5)

* Czech, Joachim/Loth, Heinz-Jürgen/Trzaskalik, Friedrich / Tworuschka, Udo: Judentum (Weltreligionen. Geschichte. Quellen. Materialien), Frankfurt a. M./München 1978

* Dumoulin, Heinrich: Begegnung mit dem Buddhismus, Freiburg 1978 (Herder-TB 642)

* Faßnacht, Dieter: Buddhismus (Weltreligionen. Geschichte. Quellen. Materialien), Frankfurt a. M./München 1976

* Ders.,: Islam (Weltreligionen. Geschichte. Quellen. Materialien), Frankfurt a. M./München 1976

Geis, Robert Raphael: Vom unbekannten Judentum, Freiburg [2]1975

* Greschat, Hans-Jürgen: Die Religion der Buddhisten, München/Basel 1980 (UTB 1048)

Islam und westliche Welt, Bd. 1: Moslems und Christen – Partner? Hg. von Michael Fitzgerald u. a., Graz 1976

Islam und westliche Welt, Bd. 2: Mensch, Welt, Staat im Islam. Hg. von Michael Fitzgerald u. a., Graz 1978

Kasper, Walter: Einführung in den Glauben, Mainz 1972

* Khoury, Adel Th.: Begegnung mit dem Islam. Eine Einführung, Freiburg 1980 (Herder-TB 815)

Klostermaier, Klaus: Hinduismus, Köln 1965

Kreiser, Klaus / Diem, Werner / Majer, Hans Georg (Hg.): Lexikon der islamischen Welt, Stuttgart 1974 (Urban-TB 200/1–3)

Küng, Hans: Christsein, München 1976 (dtv 1220)

* Loth, Heinz-Jürgen / Mildenberger, Michael / Tworuschka, Udo (Hg.): Christentum im Spiegel der Weltreligionen. Kritische Texte und Kommentare, Stuttgart [2]1979

Mann, Ulrich: Das Christentum als absolute Religion, Darmstadt 1970

Ders.,: Die Religion in den Religionen, Stuttgart 1975

Mayer, Reinhold: Judentum und Christentum. Der Christ in der Welt XVI/6, Aschaffenburg 1973

* Mensching, Gustav: Leben und Legende der Religionsstifter. Texte ausgewählt und erklärt, München 1962 (Goldmann-TB 829/830)

Ders.: Der offene Tempel. Die Weltreligionen im Gespräch miteinander, Stuttgart 1974

* Ders.: Buddha und Christus – ein Vergleich, Stuttgart 1978

Paret, Rudi: Mohammed und der Koran, Stuttgart [3]1972 (Urban-TB 32)

* Prijs, Leo: Die jüdische Religion, München 1977

Rahner, Karl: Grundkurs des Glaubens. Einführung in den Begriff des Christentums, Freiburg 1976

Ratzinger, Josef: Einführung in das Christentum, München 1968

Schlette, Heinz Robert: Einführung in das Studium der Religionen, Freiburg 1971

Schumann, Hans Wolfgang: Buddhismus, Darmstadt 1973

Trepp, Leo: Das Judentum. Geschichte und lebendige Gegenwart, Reinbek bei Hamburg [2]1976 (rde 325)

* Tworuschka, Udo (Hg.): Religionen heute. Themen und Texte für Unterricht und Studium. Frankfurt a. M./München 1977 (Lit!)

Tworuschka, Udo / Zilleßen, Dietrich (Hg.): Thema Weltreligionen. Ein Diskussions- und Arbeitsbuch für Religionspädagogen und Religionswissenschaftler, Frankfurt a. M./München 1977

* Die fünf großen Weltreligionen, hg. von Emma Brunner-Traut, Freiburg 1978[6] (Herder-TB 488)

Wouk, Herman: Er ist mein Gott, Hamburg [2]1961

* = als Anschluß- und Begleitlektüre empfohlen

Quellenverzeichnis

2 Zen-Buddhismus „Der Mond der Wahrheit“ um 700 n. Chr. Zit. bei: G. Mensching, Toleranz und Wahrheit in der Religion, Siebenstern, München/Hamburg 1966, S. 182

3 S. G. al-Azm, Kritik des religiösen Denkens (arab.), Beirut 1972^{3}, S. 60 (Übersetzung: M. Tworuschka)

4 Formuliert nach: Alphabetisches Sachregister, Römischer Katechismus nach dem Beschlusse des Konzils von Trient für die Pfarrer, übersetzt nach der zu Rom 1855 veröffentlichten Ausgabe mit Sachregister, Petrus-Verlag, Kirchen/Sieg 1970, S. 461

5 S. Balić, Ruf vom Minarett, Selbstverlag S. Balić, Wien 1963, S. 6

6 L. Baeck, Der eine Gott. In: F. R. Lachmann, Die jüdische Religion, Henn-Verlag, Kastellaun 1977, S. 36f.

7 H. Hanafi, zit. bei: P. Antes, Der Mensch vor Gott im Islam. In: M. Fitzgerald u. a. (Hg.), Mensch, Welt, Staat im Islam, Styria, Graz 1977, S. 26f.

8 H. J. Schultz, Auch Gott ist nicht fertig, Kreuz-Verlag, Stuttgart 1969, S. 29f.

9 Leo Baeck, Das Wesen des Judentums, Frankfurt a. M. 1926^{5}, Kauffmann Verlag, S. 105

10 M. al-Nowaihi, Was ist Islam? In: Materialdienst aus der EZW 3/1977, S. 72, Quell-Verlag, Stuttgart

11 W.-D. Marsch, Zur theologischen Interpretation von Religion. In: Ders. (Hg), Plädoyers in Sachen Religion, Gütersloher Verlagshaus, Gerd Mohn, Gütersloh 1973, S. 222

12 A. u. R. Eckardt, Christentum und Judentum: Die theologische Problematik der Vernichtung des europäischen Judentums. In: Evangelische Theologie 36 (1976), S. 418

13 P. Tillich, In der Tiefe ist Wahrheit, Evang. Verlagswerk, Stuttgart 1952, S. 55f.

14 Ps 104, 1–9. 24–30

15 Koran 32, 5–10 (Übersetzung: L. Ullmann/L. W. Winter)

17 Religion: Bilder und Wörter, Bd. I für Klasse 1 und 2 der Primarstufe, Pro Schule, Düsseldorf 1974, S. 126

18 R. Otto, Das Heilige, C. H. Beck-Verlag, München 1963$^{31.-35}$, S. 103–104 mit Auslassungen

19–22 Dr. Brian E. Gates (persönlich zur freien Verfügung gestellt)

23 F. Rosenzweig, Der Mensch und sein Werk. Gesammelte Schriften, Bd. II: Der Stern der Erlösung, Haag 1976^{4} S. 340f., Verlag Martinus Nijhoff

24 U. Yahya, Man and his perfection in Muslim Theology. In: The Muslim World 49 (1959) S. 26 (Übersetzung: U. Tworuschka)

25 J. Werbick, Theologie aus Erfahrung? Die Lehre von der Dreifaltigkeit Gottes als Regulativ christlicher Glaubenserfahrung. In: Religionspädagogische Beiträge 1/1978, S. 40 u. 54, Prof. Dr. Hans Zirker

26 U. Mann, Das Christentum als absolute Religion, Wissenschaftliche Buchgesellschaft, Darmstadt 1978^{4}, S. 194

27 L. Jacobs, Principles of the Jewish Faith, London 1964, S. 85 (Übersetzung: H.-J. Loth)

28 M. al-Nowaihi, a.a.O. S. 70

29 I. al-Faruqi, On the nature of Islamic Da‘wah. In: International Review of Mission 65 (1976), S. 405f., 408f. mit Auslassungen (Übersetzung: U. Tworuschka)

32 J. Moltmann, Die Verwandlung des Leidens. In: Evangelische Kommentare 12/1972, S. 716f. mit Auslassungen

34 E. Schillebeeckx, Jesus, Herder, Freiburg 1975, S. 578

35 N. Scholl, Jesus – nur ein Mensch? Kösel, München 1971, S. 40f.

36 M. Machovec, Jesus für Atheisten, Stuttgart/Berlin 1973^{3}, S. 254f.

37 H.-G. Link, Die Geschichte Jesu als Modell und Kritik gegenwärtiger Protestbewegungen. In: F. J. Schierse (Hg.), Jesus von Nazareth, Grünewald. Mainz 1972, S. 106

38 Eigentext

39 S. H. Nasr, Ideals and Realities of Islam, George Allen and Unwin, London 1975^2, S. 43f. (Übersetzung: U. Tworuschka)
40 H. Küng, Christsein, Piper, München 1976, S. 141
41 E. L. Ehrlich, Eine jüdische Auffassung von Jesus. In: W. P. Eckert/H. H. Henrix (Hg.) Jesu Jude-Sein als Zugang zum Judentum, Einhard-Verlag, Aachen 1976, S. 39
42 Anagarika Subhuti, Buddhismus – Religion des freien Geistes (Broschüre) Selbstverlag, Moers o. J. S. 5
43 Y. Ibish, The Muslim Lives by the Qur'an. In: Ch. Waddy (Hg.), The Muslim Mind, Longman Ltd., London/New York 1976, S. 1 (Übersetzung: M. Tworuschka)
44 K. Marti, gedichte am rand, Verlag Niggli Niederteufen 1963, S. 6
45 K. Klostermaier, Christ und Hindu in Vrindaban, Jakob Hegner-Verlag, Köln 1968, S. 103–106 mit Auslassungen
46 W. Nölle, Wörterbuch der Religionen. Die Glaubenslehren der Völker, Goldmann, München 1960, S. 217
47 Ein katholischer Katechismus, Kösel, München 1976, S. 92
48 Bhagavadgita IV, 5–8. Übertragen von L. von Schroeder, Verlag Eugen Diederichs, Düsseldorf-Köln 1965, S. 41
49 Informationstext bearbeitet nach: G. Parrinder, Avatar and Incarnation, Faber + Faber, London 1970, S. 120
50 Aus einer indischen nationalistischen Zeitung. Zit. bei: E. Sarkisyanz, Rußland und der Messianismus des Orients, Mohr/Siebeck, Tübingen 1955, S. 313f.
51 Swami Vivekananda, Zit. bei: St. J. Samartha, Hindus vor dem universalen Christus, Ev. Verlagswerk, Stuttgart 1970, S. 69
52 F. Spiegelberg, Die lebenden Weltreligionen, Insel-Verlag, Frankfurt 1977, S. 586
54 Schülerduden: Die Religionen, Duden, Mannheim 1977, S. 283
55 Dogmatischer Brief Papst Leos I. gegen Eutyches (449). In: Der Glaube der Kirche in den Urkunden der Lehrverkündigung, hg. von K. Rahner, Gregorius-Verlag, Regensburg 1965, S. 163
56 M. H. Haikal, Das Leben Muhammads (arab.), Kairo o. J., S. 8f. (Übersetzung: M. Tworuschka)
57 Sch. Ben-Chorin, Jüdischer Glaube, Mohr/Siebeck, Tübingen 1975, S. 124f.
58 Shikshasamuccaya („Summe der Lehre"). Zit. bei: E. Conze (Hg.), Im Zeichen Buddhas, Fischer-TB, Hamburg 1957, S. 113
60 Maitri-Bild, Copyright by Anagarika Subhuti (Rev. Wilhelm Müller)
61 S. Vierzig, Lernziele des Religionsunterrichts. In: Informationen, Hefte 1 und 2/1970, S. 5–16, 11 mit Auslassungen. Pädagogisch theolog. Institut Kassel, Teichstr. 19
64 H. Kessler, Erlösung als Befreiung, Patmos, Düsseldorf 1972, S. 62–73 mit Auslassungen
65 Ch. Muhyi ad-Din, Muhammad und die soziale Gerechtigkeit (arab.). In: Muhammad. Eine zeitgenössische und neue Theorie, hg von der Arabischen Vereinigung für Studien und ihre Verbreitung (arab.), Beirut 1972, S. 46f. (Übersetzung: M. Tworuschka)
66 D. C. Vijayavardhana, Dharma-Vijaya (Triumph of Righteousness) or The Revolt in the Temple, Sinha Publications, Colombo 1953, S. 39–44 mit Auslassungen (Übersetzung: U. Tworuschka)
67 glauben – leben – handeln. Arbeitsbuch zur Glaubensunterweisung, hg. v. den deutschen Bischöfen, Herder, Freiburg 1969, S. 60ff.
68 Zum Verständnis des Todes Jesu. Stellungnahme des Theologischen Ausschusses und Beschluß der Synode der Evangelischen Kirche der Union, Gütersloher Verlagshaus, Gerd Mohn, Gütersloh 1968, S. 19
69 Zit. bei: W. Erk, Passion und Ostern, J. F. Steinkopf, Stuttgart 1978, S. 58
72 Zit bei: G. Mensching (Hg.), Buddhistische Geisteswelt, Holle, Darmstadt o. J., S. 45f.
73 D. T. Suzuki, Der westliche und der östliche Weg, Ullstein, Frankfurt u. a. 1971, S. 128
75 W. Seibel, Der Mensch als Gottes übernatürliches Ebenbild und der Urstand des Menschen. In: Mysterium Salutis, Bd. II, Benziger, Zürich 1967, S. 814–816 mit Auslassungen

76 Sch. Ben-Chorin, Der dreidimensionale Mensch. Der Mensch der Bibel und der Moderne, Paulinus, Trier 1971, S. 12–19 mit Auslassungen

77 H. Askari, Einheit und Entfremdung im Islam. in: J. R. Nelson/W. Pannenberg (Hg.), Um Einheit und Heil der Menschheit, Lembeck, Frankfurt, 1976^{2}, S. 80

78 H. Hecker, Das Leben des Buddha, Buddhistisches Seminar, Hamburg 1973, S. 393f. mit Auslassungen

79 E. Karp, in: der pfad. Blätter für buddhistisches Leben und Denken. Hg. von der Buddhistischen Gemeinde am Niederrhein 2/1976, S. 31 Lindenstr. 41g, 4130 Moers 1 (Rev. Wilhelm Müller)

80 S. H. Nasr, Man and Nature, Unwin paperbacks, London 1968, S. 31 (Übersetzung: M. Tworuschka)

81 G. Altner, Unsere Umwelt schützen. In: Evangelische Kommentare 11/1970, S. 656, Kreuz-Verlag

82 L. Ott. Grundriß der katholischen Dogmatik, Herder, Freiburg 1961^{5}, S. 129–135 mit Auslassungen

83 P. Tillich, Systematische Theologie, Bd. II, Evangelisches Verlagswerk, Stuttgart 1958^{3}, S. 52–65 mit Auslassungen

84 G. Mensching, Die Weltreligionen, Habel, Darmstadt 1972, S. 304f. mit Auslassungen

85 N. A. Jayawickrama, Dukkha – A Basic Concept in Buddhism. In: The Three Basic Facts of Existence II. Suffering (Dukkha), Kandy 1973, S. 39f. mit Auslassungen (Übersetzung: H.-J. Loth)

86 S. H. Nasr, Ideals and Realities of Islam, George Allen and Unwin, London 1975^{2}, S. 21–24 mit Auslassungen (Übersetzung: U. Tworuschka)

87 L. Trepp, Das Judentum, Rowohlt, Reinbek 1976, S. 159

88 F. Spiegelberg, Die lebenden Weltreligionen, Insel, Frankfurt 1977, S. 177–179 mit Auslassungen

89 P. Schoonenberg, Theologie der Sünde, Benziger, Zürich 1966, S. 30–35 mit Auslassungen

90 D. Sölle, Sünde. Zur politischen Interpretation eines theologischen Begriffs. In: Theologia Practica VI, 1971, S. 250, (früher Furche Verlag, Hamburg, jetzt Kohlhammer Stuttgart)

91 D. C. Vijayavardhana, The Revolt in the Temple, Sinha Publications, Colombo 1953, S. 192 (Übersetzung: M. Tworuschka)

92 M. K. Hussain, Sündige Stadt (arab.), Kairo 1953, S. 157f. mit Auslassungen (Übersetzung: M. Tworuschka)

93 G. Hierzenberger/J. Kammerstätter, Theologische Worthülsen übersetzt, Don Bosco, München 1973, S. 124–126 mit Auslassungen

94 Die wahre Bedeutung des Buddhismus, Honpa Hongwanji Press Koyoto 1957, S. 56f. mit Auslassungen

96 K. Barth, Die kirchliche Dogmatik, Bd. I, 2 EVZ-Verlag, Zellikon-Zürich 1960^{5}, S. 376

102 Koran, Sure 13, 11

106 F. Böckle, Fundamentalmoral, Kösel, München 1977, S. 70, 84f.

107 Sch. Ben-Chorin, Jüdischer Glaube, Mohr, Tübingen 1975, S. 240f.

108 H. Askari, a.a.O. S. 83f. mit Auslassungen

109 Chr. Humphreys, Buddhismus als Lebensweise, Albert Müller, Rüschlikon-Zürich, 1975, S. 91–97 mit Auslassungen

110 J. Alfaro, Die innerweltlichen Hoffnungen und die christliche Hoffnung. In: Concilium 6/1970, S. 627f., Benziger/Grünewald

111 Aus: Gotteslob, Katholisches Gebet- und Gesangbuch für das Bistum Aachen, B. Kühlen-Verlag, Mönchengladbach 1975, S. 889

112 H. Wouk, Er ist mein Gott, Wolfgang Krüger, Hamburg 1961^{2}, S. 211–214 mit Auslassungen

113 V. F. Gunaratna, Buddhist Reflections on Death (The Wheel Publication No. 102/103), Kandy 1966, S. 28 (Übersetzung: U. Tworuschka)

114 Kölner Stadt-Anzeiger

115 Al-Thaura = irakische Tageszeitung, Bagdad, (Übersetzung: M. Tworuschka)

116 Allgemeine jüdische Wochenzeitung

117 D. Bonhoeffer, Widerstand und Ergebung. Hg. von E. Bethge, Chr. Kaiser-Verlag, München/Hamburg 1966^{3}, Neuausgabe 1970, S. 26f., 29, 41, 196

118 M. F. Jamali, Letters on Islam, Oxford 1965. Zit. bei: J. Bowker, Problems of Suffering in Religions of the World, Cambridge University Press, Cambridge 1975, S. 133f. (Übersetzung: U. Tworuschka)

120 A. Loisy, zit. in: Handbuch der Kirchengeschichte, hg. von H. Jedin, Bd. VI, Herder, Freiburg 1973, S. 451

122 H. Ott (Hg.) Die Antwort des Glaubens. Systematische Theologie in 50 Artikeln, Kreuz, Stuttgart 1972, S. 382f.

123 Dogmatische Konstitution über die Kirche. In: Das Zweite Vatikanische Konzil (LThK^{2}), Teil I, Herder, Freiburg 1966, S. 171

124a) I. von Döllinger, zit. in: J. Finsterhölzl, Die Kirche in der Theologie Ignaz von Döllingers bis zum ersten Vatikanum, Vandenhoeck, Göttingen 1975, S. 104, Anm 68

124b) N. Havers, Der Religionsunterricht – Analyse eines unbeliebten Fachs, Kösel, München 1972, S. 108f.

126 Übersetzung aus: Ägyptisches Religionsbuch, Sek II (M. Tworuschka)
Übersetzung aus: Präambeln der Verfassungen Syriens 1971/1973 (M. Tworuschka)

128 C. Humphreys, Buddhism, Pelican Books Harmondsworth 1974, S. 132–134 mit Auslassungen (Übersetzung: H.-J. Loth)

130 Aus der dogmatischen Konstitution über die Kirche ‚Pastor Aeternus' des I. Vatikanischen Konzils

131 Evangelischer Erwachsenenkatechismus, Gütersloher Verlagshaus, Gütersloh 1975, S. 1224f. mit Auslassungen

133 Ramakrishna, zit. bei: G. Mensching, Das lebendige Wort, Holle, Baden-Baden 1961^{3}, S. 157

134 1 Kor 8, 5–6

135 Anagarika Dharmapala, zit. bei: K.-H. Deschner (Hg.), Das Christentum im Urteil seiner Gegner II, Löwit, Wiesbaden 1971, S. 77

136 Herders Theologisches Taschenlexikon, hg. von K. Rahner, Bd. V, Herder, Freiburg 1975, S. 75ff. mit Auslassungen

138 Kölner Stadt-Anzeiger vom 21. 2. 1978, S. 20 mit Auslassungen

139 I. R. al-Faruqi, Über das Wesen der Islamischen Da'wa. In: Al-Islam. Zeitschrift von Muslimen in Deutschland 2/1977

140 K. Rahner, Das neue Bild der Kirche. In: Schriften zur Theologie VIII, Benziger, Einsiedeln 1967, S. 341

141 N. P. Levinson, Judenmission und Christenmission. In: Allgemeine jüdische Wochenzeitung vom 12. 11. 1976, S. 4

143 R. Tagore, Einheit der Menschheit, zit. in: Bulletin der Indischen Botschaft Bonn 11 (1961) Nr. 6/7, S. 45

144 L. Blue, Wie kommt ein Jude in den Himmel? Der jüdische Weg zu Gott, Kösel, München 1976, S. 66

145 J. Moltmann, Theologie der Hoffnung, Kaiser, München 1965^{3}, S. 308

146 J. van Ess, Islam, in: Emma Brunner-Traut (Hg.). Die fünf großen Weltreligionen, Freiburg 1978^{6}, Herderbücherei Nr. 488, S. 69

147 W. Cantwell Smith, Islam in Modern History, Mentor-Book, Princeton 1957, S. 33f. (Übersetzung: H.-J. Loth)

148 L. Blue, Wie kommt ein Jude in den Himmel? Kösel, München 1976, S. 28 und 66 mit Auslassungen

149 C. Amery, Das Ende der Vorsehung, Rowohlt, Reinbek 1972, S. 251f.

150 P. de Silva, The Search for Buddhist Economics, Kandy 1975, S. 3–6 mit Auslassungen (Übersetzung: H.-J. Loth)

151 W. Dirks, Ursprung und Gegenwart. In: H. W. Brockmann (Hg.), Kirche und moderne Gesellschaft, Patmos, Düsseldorf 1976, S. 26f. mit Auslassungen

154 Mysterium Salutis, Grundriß heilsgeschichtlicher Dogmatik, hrsg. v. J. Feiner / M. Löhrer, Bd. I, Benziger, Zürich, Einsiedeln, Köln, 1965, 41978 XXVIIf.

155 R. Bultmann, Glauben und Verstehen II, Mohr/Siebeck, Tübingen 1965^{4}, S. 152–154 mit Auslassungen

157 F. Story, Collected Writings III, Dimensions of Buddhist Thought, Kandy 1976, S. 124–126 mit Auslassungen (Übersetzung: U. Tworuschka)

158 Dtn 6,4 in traditioneller jüdischer Übersetzung
159 Sidur sefat emet, Victor Goldschmidt, Basel 1972, S. 2, Deutsche Übersetzung von S. Bamberger
161 Koran, Sure 1, 1–7
162 E. Pezet, L'office quotidien dans les monastères du buddhisme theravāda. In: Studia Misionalia 24, 1975, S. 52 (Übersetzung: H.-J. Loth)
163 Buddhistische Religion, Die Grundlagen der Jōdo Shinshū, Honpa Hongwanji Press, Kyoto 1959, S. 52
164 J. J. Petuchowski, Beten im Judentum, KBW, Stuttgart 1976, S. 13
166 Mt 6,9ff.
167 J. Sinha, Rama Prasada's Devotional Songs. The Cult of Shakti, Calcutta 1966, S. 2 (Übersetzung: H.-J. Loth)
168 E. Pezet, a.a.O. 57f. (Übersetzung: H.-J. Loth)
169 Sidur sefat emet, a.a.O. S. 251
170 D. Sölle, Die Hinreise, Kreuz, Stuttgart 1957, S. 28f.
171 M. Dhavamony, Hindu Meditation. In: Studia Missionalia 25 (1976), S. 165 (Übersetzung: H.-J. Loth)
172 J. A. Storey, Meditation – the inward Journey, Kandy 1970, 2–5.7–9.13f. (Übersetzung: H.-J. Loth)
173 Ebd., S. 2ff. mit Auslassungen (Übersetzung: H.-J. Loth)
174 K. Tilmann, Die Führung zur Meditation I, Benziger, Zürich 1972[2], S. 325f.
175 Ebd., S. 55. 159
176 K. Tilmann, Naturale Meditation und christliche Glaubensmeditation. Versuche – Wege – Erfahrungen, hg. von G. Ruhbach, Vandenhoeck, Göttingen 1975, S. 48
177 J. Sudbrack, Der Stellenwert östlicher Meditationsmethoden im Christentum. In: Meditation, hg. von G. Ruhbach, Vandenhoeck, Göttingen 1975, S. 67f.
178 N. P. Levinson, Von Guru, Schabbat und fernöstlicher Meditation. In: Allgemeine jüdische Wochenzeitung vom 4. November 1977, S. 5
185 R. Guardini, Von heiligen Zeichen, Grünewald, Mainz 1927, S. 11 mit Auslassungen
187 S. Nikhilananda, Der Hinduismus. Seine Bedeutung für die Befreiung des Geistes, Ullstein, Frankfurt 1958, S. 134f. Ullsteinbücher 291
189 Glaubensverkündigung für Erwachsene. Deutsche Ausgabe des Holländischen Katechismus. Dekkert van de Vogt, Nijmwegen 1968, S. 284–286 mit Auslassungen
190 D. Sölle, Die Hinreise, a.a.O. S. 31
193 Kölner Stadt-Anzeiger vom 22. 5. 1978
196 K. Hörmann, Lexikon der christlichen Moral, Tyrolia, Innsbruck 1969, S. 853f.
197 Evangelischer Erwachsenenkatechismus, Gütersloher Verlagshaus, Gütersloh 1975, S. 552
198 G. Gutiérrez, Theologie der Befreiung, Kaiser/Grünewald, München/Mainz 1980[5], S. 191–193 mit Auslassungen
199 E. Cardenal, Zerschneide den Stacheldraht. Südamerikanische Psalmen, Jugenddienst, Wuppertal 1968[3], S. 42f.
200 L. Prijs, Die jüdische Religion, Pfeiffer, München 1977, S. 15–17 mit Auslassungen
201 S. H. Nasr, Ideals and Realities of Islam, George Allen and Unwin, London 1975[2], S. 30f. (Übersetzung: M. Tworuschka)
202 F. Story, Collected Writings III, a.a.O. S. 135f. mit Auslassungen (Übersetzung: H.-J. Loth)
203 Bhikkhu Khantipalo, Lay Buddhist Practice, Kandy 1974, S. 54 (Übersetzung: H.-J. Loth)
204 E. Kupfer-Koberwitz, in: der pfad. Blätter für buddhistisches Leben und Denken 2/1976, S. 25
205 Neue Revue Nr. 17 vom 24. 4. 1978
206 Franz von Assisi, Legenden und Laude, hg. von Otto Karrer, Manesse-Verlag Zürich 1975[6], S. 386f.

Bildnachweis

Seite 16 (40):	Bildarchiv Preußischer Kulturbesitz, Berlin.
17 (41):	Anthony Verlag, Starnberg.
(43):	Niestadt, Hilversum.
27 (70):	Rheinisches Bildarchiv, Köln.
28 (71):	© Colorphoto Hans Hintz
41 (103):	Ed. Staeck, Heidelberg.
(104):	Eitel Joachim Schwarzer.
(105):	Lürzer, Conrad & Leo Burnett, Frankfurt/M.
53 (132):	Volker Ernsting, aus: Pardon 12/69.
72 (183):	Zefa, Düsseldorf.
(184):	© Aldous Books, London.
73 (186):	© Kees Scheerer, Amsterdam.
76 (192):	© Ed van der Elsken, Edam, Holland.
(194):	Keystone, Hamburg.

81/987654321